在面对客户的抱怨时，销售员最忌讳的是回避或拖延问题，要敢于正视问题，以最快的速度予以解决。

　　一般的交谈总是由闲谈开始的，说些看起来好像没有什么意义的话，其实就是先使大家轻松一下、熟悉一点，营造一种有利于交谈的气氛。

不懂心理学
你怎么能赚钱：

商业中的心理学

BUDONG XINLIXUE NIZENMENENG ZHUANQIAN
SHANGYEZHONG DE XINLIXUE

宿文渊 —————— 编 著

江西美术出版社
全国百佳出版单位

图书在版编目（CIP）数据

不懂心理学，你怎么能赚钱：商业中的心理学 / 宿
文渊编著 . -- 南昌：江西美术出版社，2017.7（2021.3 重印）
　ISBN 978-7-5480-5433-7

　Ⅰ . ①不… Ⅱ . ①宿… Ⅲ . ①商业心理学 Ⅳ .
① F713.55

中国版本图书馆 CIP 数据核字 (2017) 第 112570 号

不懂心理学，你怎么能赚钱：
商业中的心理学

宿文渊　编著

出　版：江西美术出版社

社　址：南昌市子安路 66 号 邮编：330025

电　话：0791-86566329

发　行：010-88893001

印　刷：三河市新新艺印刷有限公司

版　次：2017 年 10 月第 1 版

印　次：2021 年 3 月第 6 次印刷

开　本：880mm×1230mm 1/32

印　张：8

书　号：ISBN 978-7-5480-5433-7

定　价：35.00 元

前　言

　　商用心理学是指在商业活动中运用心理学的相关原理、效应和方法等，精准市场定位、优化营销管理，以及使公关、谈判、投资、合作等商业活动顺利达成的方法和策略。那些商界精英们，大都善用心理学规律为商业活动把脉，一眼洞悉竞争对手、合作伙伴及潜在客户的心理诉求，从而准确把握商机、适时促进交易，在波谲云诡的商战中无往不利，赢得事业和生活的成功。

　　如果你想钓到鱼，就要像鱼那样思考。古人说，"人事之最难在于知人"；在如今的商场中，"商事之最难在于知心"。正是出于这种认识，不少商业人士提出："把握人心就是把握一切。"商业活动中的许多现象背后都包含着心理学的规律：大到企业与企业之间的竞争与合作，产品的市场定位、营销策划，小到具体的推销、谈判，甚至接打电话，从本质上说都是人与人之间的交往活动，都离不开对人类心理规律的了解和运用。尤其在现代社会，随着商业格局的日益复杂化和细化，心理学在商业中的应用也越来越重要，已成为达成一切商业目标的必备工具。正如7-11的创始人铃木敏文所说的，"现在最需要的不是经济学，而是心理学。"商用心理学因此而被称为"心理学的MBA"，并得到主流教育机构的认可，被纳入对商界精英的培养计划当中。美国著名实业家约翰·D.洛克菲勒一生创造了数以千亿美元计的财富，他的商业头脑和经商天赋令人惊叹，而实际上，那正是基于他对人的心理的精准把握。他在写给儿子的信中曾这样说道："……在商场上，成功了的骗术并不是骗术……没有任何结盟是永远持久的，合作只是一种获利战术……不论你从事哪一个行业，譬如经营石油、地产、做钢铁生意，还是做总裁、做雇员，都是在从事一个行业，那就是跟人打交道的行业。谈判更是如此，与你开战的不是那桩生意，而是人！所以，真实地了解自己、了解对手，是保证你在决胜中取得大胜的前提。你需要知道，准备是游戏心理的一部分，你必须知己知彼。"

　　了解和掌握商用心理学，可以更好地理解商业活动中人的心理特点，把握商机、促进交易，获取利益的最大化。很多商务人士都曾发出这样或那样的困惑和感叹：为什么别人就能够轻轻松松地拿到商业成功的入场券，而自己虽然已经非常努力，却总是四处碰壁、挫折不断？其实，问题就在于我们投资理财、谈判经商时，不仅仅是要凭自己的诚意和能力，还要有心理学的知识和策略做指导。在从事商业活动的过程中，不懂心理学，会给自己的事业带来意想不到的困难和障碍，如：谈判师难以洞察对方真实的心理意图，就无法看准时机签订协议，赢得谈判；营销员难以摸透客户的消费心理，就无法有的放矢地推销商品，获得订单；商家难以获得消费者的信赖，就会造成大量库存积压，信誉度骤降；投资者认为选择了获利的股票，结果损失惨重；罐头厂想要低价抛售清仓，结果价格越低越是无人问津……诸如此类的情形在商场中真是不胜枚举！了解并掌握一定的商用心理学知识，就可以依据既定的心理活动规律，透过具有迷惑性的语言、行为等外在表象，洞悉人性，一眼认清事实的真相，提高商业决策的科学性和准确性。对于在商海中苦苦打拼的商业人士来说，一旦掌握了商用心理学这门工具，就能在波谲云诡的商业竞争中占得先机、无往不利。

本书是一本商用心理学的智慧宝典，通过对消费者心理学、推销心理学、营销心理学、谈判心理学、公关心理学、广告心理学、创业经营心理学、决策心理学、投资心理学和商用心理密码等十个方面内容的深入阐释，力求生动、全面地向读者介绍商用心理学的基本知识、原理和技巧。书中以理论联系实际，将心理学的各种知识、原理与真实的商业案例相结合，贴近现实生活，让你拥有一双看不见的力量之手，在商业活动中用小策略解决大问题，出奇制胜，占据主动，轻松化解商业难题，顺利达成各类目标。

目录
CONTENTS

不懂心理学，你怎么能赚钱：
商业中的心理学

第四篇　谈判心理学

第五篇　　公关心理学

第六篇　　广告心理学

第七篇　　创业经营心理学

第八篇　　决策心理学

第九篇　　投资心理学

第十篇　商用心理密码

第一篇

消费者心理学

PART 01
诚心：让你成为顾客的朋友

引导顾客了解市场，改变顾客对自己的"奸商"评价

顾客："我说我想要原来的那一款，你总是向我推荐我没有仔细研究的款式，而且似乎总是高端的产品，莫非你打算从中赚取差价？嗯……你是奸商么？"

销售人员："……"

"嗯……你是奸商么？"这句话很冷很直接，足以使场面陷入十足的尴尬。不可否认，在转变顾客需求的过程中，经常会遇到顾客提出这个问题的情况，这是顾客对销售人员极度不信任的表现。但归根结底，这是销售人员没能成功向顾客普及新产品知识和市场情况的结果，没能打消顾客的疑虑所致。

很多时候，转变顾客需求会变得非常麻烦，尤其是遇到心存疑虑、态度又比较坚决的"心重"型顾客的时候，这时你就不能一味地围绕着证明自己的"非奸商"身份的话题来展开，否则会"越描越黑"。

顾客存有这种疑虑很正常，因为有很多顾客在走进卖场前，就已经认真了解了自己想要的产品的大致价格范围，甚至确定了具体型号。而当自己非常熟悉的产品因为各种原因无法买到时，顾客已经比较焦虑，此时加上销售人员对顾客预定产品的贬低和对新产品的抬高，顾客难免会有怀疑销售人员动机的

想法。这时候，销售人员必须尽快让顾客认识到新产品的市场情况，让顾客认识到这种产品在其他卖场中的报价和服务，以及同类产品的报价等情况，从而打消顾客疑虑，重新取得顾客的信任。

销售人员可以按照以下模板灵活应对顾客：

"这位大哥，您的想法很有必要，毕竟现在市场上确实有一些不良销售人员借机欺诈顾客，但那些销售人员都是没有固定店铺、游走于电器城的闲散人员。咱们这家家电卖场是正规的大公司，我们这些销售人员都是经过公司正规培训的，我们始终以信誉为本，您放心就是啦！此外您要购买的产品由于市场销量不是很好，大部分卖场库存都不多，因此在市场上不好买到。我之所以向您推荐另一款产品，并不是说我能从其中多赚多少钱，不信您可以从我们卖场的联网电脑上查询一下其他卖场的价格情况，作为一名销售人员，为您提供满意且高效的服务，从而节省您宝贵的时间和金钱，这是我们不可推卸的责任。此外，拥有和您原来想购买的产品一样的功能甚至比那款产品性能还好的有好几款产品，这些产品有很多都针对原有产品性能的缺陷进行了改进，从而让您的生活更加安心，比如这款D型号的产品，就比原来那款节能。"

顾客："哦，这样啊。我就是害怕被奸商骗了。上一次在一座数码大厦里，我就被一个销售人员骗了好几百，我都成惊弓之鸟了。那你给我介绍一下这个新产品吧，我看看是不是如你所说的那样。"

（这时候，顾客重新被吸引，销售人员就可以进行专业解说了。）

应对顾客的怀疑，你不仅要以各种方式"还自己的清白"，更要以顾客为中心，普及新产品的优势和市场状况，让顾客了解市场，消除心中的疑虑。

强调基本属性，成功化解顾客的刁难

潜在顾客在已经充分了解了产品之后，可能会在购买前到竞争对手那里询问一下，然后回来问销售人员如下的问题：

顾客："人家的那个冰箱不仅内部空间大，自动除霜，还特别省电。你们这个好像没有这个特点呀。"

销售人员："您关注得真的非常仔细，我想请您思考一个问题：冰箱的主要功能是什么？首先应该是保鲜，以及容量是否可以存放整个家庭用的蔬菜、水果或者熟食，如果为了达到省电的要求而降低冰箱的制冷温度，导致保存的食品变质，那么省电的意义何在呢？"

案例中销售人员回答的关键就是让顾客回到对冰箱的最基本功能的思考上，不被竞争对手额外的所谓的产品创新牵引，通过强调产品的基本功能赢得顾客的信任。

当顾客用竞争对手的优点来刁难时，销售人员要引导顾客回到实质性的问题上来。如果销售人员对潜在顾客的问题做出如下答复，"其实也省不了多少电，保鲜和空间才是冰箱主要考虑的要点"，这样的回答并不能消除顾客内心的顾虑，他对于省电的疑问没有得到真正的解决。

这里介绍一些与竞争对手比较的技巧：

（1）了解对手的优缺点，特别是哪些地方比你弱。

（2）对竞争对手做出肯定评价，绝对不要贬损对手。

（3）追问顾客对竞争对手最看重的地方。

（4）指出你与对手的差异之处，并强调你的优点。

（5）评价对手时，先说优点后说缺点；评价自己时，先说缺点后说优点。

（6）强调顾客经过对比后还是选择你们。

商场如战场，如何在竞争中赢得顾客，是销售人员面临的最大问题。顾客用竞争对手的优势来刁难时，销售人员应强调产品的基本属性，赢得顾客的信任。

用"垫子"法解答顾客挑衅性追问

销售人员："这款笔记本的速度还是相当快的，何况我们的售后服务也很周到，毕竟是著名品牌嘛！"

顾客："前两天新闻说，你们准备削减保修网点了，而且，对许多属于产品质量的问题还回避，甚至服务热线都拨不通，一直占线，是怎么回事？"

销售人员："那是有一些顾客故意找碴儿，属于自己失误操作导致的笔记本无故死机，完全是不正当操作导致的，不属于保修范围，当然就不能保修了。"

顾客："只要顾客有争议，你们都说自己有理，再说了，计算机这个事情，谁说得准，怎么能相信你们呢？"

无论销售人员怎么解释，潜在顾客就是不让步，咄咄逼人。

案例中销售人员的回答方法是不可取的，当顾客提出"听说你们的售后服务不好"这样的问题时，销售人员不要做出以下回答：

——"不会啊，我们的售后服务可好啦！"（直接的否定会让顾客对你及你的品牌更加不信任。）

——"您放心，我们的产品绝对保证质量！"（答非所问，难以让顾客信服。）

——"您听谁说的，那不是真的！"（质问顾客、极力否认只会适得其反。）

这个时候，销售人员正确的回答方法应该是有效使用"垫子"。案例中的销售人员应采用如下回答方式："您真是行家，这么了解我们的品牌，而且，对于采购笔记本特别在行，问的问题都这么尖锐和准确。"此时要停顿片刻，让潜在顾客回味一下。然后，接着说："许多顾客都非常关心产品质量保修问题，当产品发生问题时，顾客是首先得到尊重和保障的，我们要求国家工商部门批准的质量部门鉴定产品质量问题的责任归属，一旦最后鉴定的结果是我们负责，那么我们就承担所有的责任。在产品送去鉴定的过程中，为了确保顾客有电脑使用，我们还提供一个临时的笔记本供顾客使用，您看这个做法您满意吗？"

销售的过程是相互交流的过程，顾客在销售对话时也会问问题。有时他们的问题似乎是反驳性的，但实际上只是顾客对自己思路的澄清，不然就是企图将销售人员重新引导至正确的产品或服务上。面对顾客对销售人员的某个问题提出反驳，销售人员不应对顾客的反驳予以辩解，而要反思自己交流环节是否出了问题，并且对问题环节加以调整，及时回到销售的正轨上来。

以售后服务问题为例，由于家电的使用寿命一般都在十年或十年以上，所以顾客在选购家电时会比较关注厂家提供的售后服务，特别是对于体积较

大、移动不方便、内部零件较为复杂的大件电器，顾客会非常在意厂家能否能提供快速、便利的维修服务。

面对顾客提出关于产品售后服务的问题，销售人员首先不要正面反驳顾客，而要通过提问来了解顾客对我方的售后服务是否有不愉快的经历，然后以事实为依据，列举厂家在售后服务方面做出的努力，例如网点数量和服务承诺书等，消除顾客对我方售后服务的担忧。但要注意，销售人员在消除分歧的同时，不要做过度的承诺，避免给厂家造成不必要的纠纷。

此外，还应提供本品牌售后服务好的证据：

（1）维修网点数量多、分布广。

（2）服务态度好。

（3）维修技术过硬。

（4）提供的维修服务迅速。

PART 02
猜心：洞悉"上帝"都在想什么

人人都喜欢被赞美

何为赞美？赞美就是将对方身上确实存在的优点强调给对方听。那么何为请教？请教就是挖掘出对方身上的优点并请求对方进行传授和分享。心理学研究发现，在现实生活中，每个人都渴望得到别人的赞美和欣赏，更希望别人向他请教，从而体现出自身的价值，获得心理的满足感和优越感。

从心理需求的角度来讲，喜欢听到别人的赞美，希望得到别人的认可是人之常情，无可厚非，因为没有任何人喜欢被否定和指责。哈佛心理学家威廉·詹姆斯说："人类最基本的相同点，就是渴望被别人欣赏和成为重要人物的欲望。"

作为一名销售人员，更要学会赞美和欣赏自己的客户，真诚地给客户以赞美，并针对客户的优势适当地请教客户问题，多加肯定。掌握赞美和请教的技巧，让客户喜欢你、相信你、接受你，从而购买你的商品。

姜波是某油漆股份有限公司的推销员，这个公司刚刚开发出一种新型油漆，虽然广告费花了不少，但销售收效甚微。这种新油漆色泽柔和，不易剥落，防水性能好，不褪色，具有很多优点。这么好的产品推销不出去一定和策略有关，姜波通过仔细调查，最终决定以市内最大的家具公司为突破口来打开销路。

这天，他直接来到家具公司，找到总经理，说："张总，我听说贵公司的家具质量相当好，特地来拜访一下。久仰您的大名，您又是本市十大杰出企业家之一，您在这么短的时间内取得了这么辉煌的成就，真是太了不起了。"

张总听后，心里很高兴，于是向他介绍了本公司的产品特点，并在交谈中谈到他从一个贩卖家具的小贩，走向生产家具的大公司总经理的奋斗历程，还领姜波参观了他的工厂。在上漆车间里，张总拉出几件家具，向姜波炫耀那是他亲自上的漆。

姜波顺手将喝的饮料在家具上倒了一点，又用一把螺丝刀轻轻敲打，但总经理很快制止了他的行为。还没等总经理开口，姜波发话了："这些家具造型、样式是一流的，但这漆的防水性不好，色泽不柔和，并且容易剥落，影响了家具的质量，您看是不是这样？"

张总连连点头："是啊，最近听说有家公司推出了一种新型油漆，但并不了解，没有订购。"姜波连忙从包里掏出了一块刷了漆的木板，把它放在身边的水池里，然后介绍说："如果待会木板没有膨胀，就说明漆的防水性很好，如果用工具敲打，漆不脱落，放到火上烤，漆不褪色，就说明漆的耐用性很好。"就在张总赞叹效果的时候，姜波亮出了自己的推销员身份。这家公司很快就成了姜波所在公司的大客户，双方都从中受益。

姜波在见到客户时，并没有直接称赞自己的油漆多好，而是从赞美这家公司的产品入手。这让总经理的心里非常高兴，防范心理逐渐减弱。总经理在高兴之余，带领客人去参观其产品，姜波趁其心情愉快，在车间内，点出了家具公司的产品的油漆性能差，直接影响了家具的质量，并在这个时候，展示了本公司最上乘的产品。相比之下，凸显了本公司新型油漆的优点。

姜波通过赞美对方，先让客户对自己建立了好感，然后通过产品

展示引导客户进行理性思考，于是，客户很自然地接受了姜波的建议。就这样，姜波争取到了这家客户，达到了推销产品的目的。

可见，采用赞美的策略确实能辅助生意的成功。但在使用这一策略的同时，以下几点也必须注意：

首先，赞美千万不要过头，否则会令人生厌。

其次，赞美一定要是顾客所喜爱的东西，是他引以为傲的，若乱加赞美就不会使顾客心动。

最后，赞美的同时最好提出自己的一些看法，这能充分证明推销员的态度是诚恳的。

顾客喜欢跟着大多数人的感觉走

动物中常常存在这样一种现象：大量的羊群总是倾向于朝同一个方向走动，单只的羊也习惯于加入羊群队伍并随着其运动的方向而运动。

这一现象被动物学家称作"羊群效应"。心理学家发现，在人类社会中，也存在着这样一种羊群效应。

心理学家通常把"羊群效应"解释为人们的"从众心理"。"从众"，指个人受到外界人群行为的影响，而在自己的知觉、判断、认识上表现出符合于公众舆论或多数人的行为方式。每个生活在社会中的人都在设法寻求着"群体趋同"的安全感，因而也会或多或少地受到周围人倾向或态度的影响。大多数情况下，我们认为，多数人的意见往往是对的。

顾客的"从众心理"的存在给了商家营销的机会。最典型的就是广告的效应，商家通过广告不断地向消费者传递诸如"××明星也用我们的产品""今年的流行是我们引领的"，或者是更直白的"送礼只送×××"之类的广告信息，让消费者觉得所

有人都在用我们的产品——你当然不能例外。

　　客户在其消费过程中，如果对自身的购买决策没有把握时，会习惯性地参照周围人的意见。通过了解他人的某种定向趋势，为自己带来决策的安全感，认为自己的决策可以避免他人的失败教训，从他人的成功经验中获益。

　　让客户感觉到他"周围的每个人"都存在某种趋势是销售中一个非常有效的技巧。"羊群理论"为我们带来的就是这样一种全新的说服技巧。销售员在与客户交流的过程中应当设法让客户了解他周围的人都存在着某种趋势，并询问客户："你知道这是为什么吗"，从而有效地利用"群体趋同"产生的能量建立自己的可信度。

　　另外，"羊群理论"还被证明能够有效地激起客户的好奇心，促使他们想要知道更多——如果听说你的产品或服务在市场上产生了极大的影响，客户怎么会不想了解详情呢？

　　著有《提问销售法》的托马斯·福瑞斯可以说是将"羊群理论"在销售中运用得得心应手的前辈和典范。

　　1990年，时任KW公司堪萨斯城地区销售经理的托马斯·福瑞斯需要开办一场关于公司CASE工具的研讨会。在尝试各种传统的拜访程序受阻后，福瑞斯想到了"羊群理论"：如果整个"羊群"的大部分都倾向于KW公司的CASE工具，其他客户一定也会想要了解究竟。

　　于是福瑞斯改变了策略，他不再乞求客户参加会议，而是让他们知道其他人都会去，并希望他们不会被遗漏在外。

　　福瑞斯与客户这样说道："你好，客户先生。我叫托马斯·福瑞斯，是KW公司在堪萨斯城的地区经理。很荣幸通知您，我公司将在8月26日在IBM的地区总部召开CASE应用程序开发研讨会，还记得我们给您发过的请柬吗？

　　"这次出席我们的研讨会的有百事可乐公司、美国运通公司、万事达公司、联邦储备银行、堪萨斯城电力公司、西北寿险公司等公司的研发经理。当然，这些只是名单中的一小部分。坦率地说，我想这次会议的参加人数可能是破纪录的，将会超过100人。我打这个电话是因为我们还没有收到贵公司的同意回复函，我需要确定您不会被遗漏在外。"

毫无意外，福瑞斯的这次研讨会最终的确取得了"破纪录"的成功。虽然大多数同意前来的客户都是因为"其他人"也会来，但事实上，当他们来的时候，"其他人"也的确都来了。

在销售过程中，"羊群理论"是一个非常有力的技巧，它可以帮助你建立信用度，同时激发客户的兴趣。当你对你的客户说"我只是想确定你不会被遗漏在外"的时候，他一定会好奇自己可能错过什么东西，并且会主动询问进一步的情况。这就是"羊群理论"的微妙之处，他提供给客户心理上的安全感，并促使他们做出最后决策。

客户只关注能给自己带来好处的产品

书店里，一对年轻夫妇想给孩子买一些百科读物，销售员过来与他们交谈。以下是当时的谈话摘录。

客户："这套百科全书有些什么特点？"

销售人员："你看，这套书的装帧是一流的，整套都是这种真皮套封烫金字的装帧，摆在您的书架上非常好看。"

客户："里面有些什么内容？"

销售人员："本书内容按字母顺序编排，这样便于资料查找。每幅图片都很漂亮逼真，比如这幅，多美。"

客户："我看得出，不过我想知道的是……"

销售人员："我知道您想说什么！本书内容包罗万象，有了这套书您就如同有了一套地图集，而且还是附有详尽地形图的地图集。这对你们一定大有用处。"

客户："我是为孩子买的，让他从现在开始学习一些东西。"

销售人员："哦，原来是这样。这套书很适合小孩子。它有带锁的玻璃门书箱，这样您的孩子就不会将它弄脏，小书箱是随书送的。我可以给您开单了吗？"

（销售人员作势要将书打包，给客户开单出货。）

客户："哦，我考虑考虑。你能不能找出其中的某部分比如文学部分，让我们了解一下其中的内容？"

销售人员："本周内有一次特别的优惠抽奖活动，现在买说不定能中奖。"

客户："我恐怕不需要了。"

对客户来讲，"值得买的"不如"想要买的"，客户只有明白产品会给自己带来好处才会购买。在销售时，如果销售人员只把注意力放在销售产品上，一心只想把产品推给对方，甚至为了达到目的不择手段，这样，失去的可能比得到的更多，因为你可能推出了一件产品，但从此失去了一个客户。

这位销售人员给客户的感觉是太以自我为中心了，好像他需要的就是客户需要的。他完全站在自己的角度上对产品进行理解，然后强加于客户，让客户感觉：这样的书是你需要的，而不是我需要的。

以上的失败只是源于销售人员的疏忽，他自顾自地说话，没有仔细想一想对方的需求，其实客户已给过他机会，只是可惜他没有及时抓住这样的信息。因此，一场不欢而散的谈话所导致的失败结局也就在所难免。

根据对实际的销售行为的观察和统计研究，60%的销售人员经常将特点与好处混为一谈，无法清楚地区分；50%的销售人员在做销售陈述或者说服销售的时候不知道强调产品的好处。

销售人员必

须清楚地了解特点与好处的区别，这一点在进行销售陈述和说服销售的时候十分重要。

那么推销中强调的好处都有哪些呢？

（1）帮助顾客省钱。

（2）帮助顾客节省时间。效率就是生命，时间就是金钱，如果我们开发一种产品可以帮顾客节省时间，顾客也会非常喜欢。

（3）帮助顾客赚钱。假如我们能提供一套产品帮助顾客赚钱，当顾客真正了解后，他就会购买。

（4）安全感。顾客买航空保险，不是买的那张保单，买的是一种对他的家人、他自己的安全感。

（5）地位的象征。一块百达翡丽的手表拍卖价700万人民币，从一块手表的功用价值看，实在不值得花费，但还是有顾客选择它，那是因为它独特、稀少，能给人一种地位的象征。

（6）健康。市面上有各种滋补保健的药品，就是抓住了人类害怕病痛死亡的天性，所以当顾客相信你的产品能帮他解决此类问题时，他也就有了此类需求。

（7）方便、舒适。

客户不仅喜欢低价，更狂爱免费

随着经济不断发展，国民的生活水平也在不断地提高，这让我们通常误以为脱离了温饱威胁的人们对免费的兴趣会有所减弱，但事实并非如此。

有科学家做过一个调查实验，调查300名低收入者与300名高收入者从超市所购买的商品。他们发现，低收入者并非只挑便宜的商品，他们也会选择一些高价的实用性商品；而高收入者所购买的商品也并不像想象中那样的高端，虽然也有部分高档商品，但是其中也包括了很多打折商品和免费赠送的商品。

这个实验让我们了解到，消费者不仅喜欢低价，更狂爱免费。不仅低收入者喜欢免费，高收入者同样喜欢免费。

很多超市、商场常常搞免费赠送、试吃之类的活动，大多数消费者得到赠品之后就离开了。看似商家亏了，但实际上搞这种促销活动的商家每天可以增加8%左右的销量，而这些消费者可能产生的持续购买力所带来的收益会更大。比如销售牛排，消费者原本可能压根就没有购买的计划，但是免费试吃不仅可以打消消费者对产品品质的顾虑，敢于放心购买，同时美味的牛肉也会让消费者产生购买冲动。还有一个比较微妙的因素，那就是，国人都比较好面子，当免费当着人面吃了人家东西，人家又建议购买时，似乎就会开始有了拿人手短吃人嘴软的感觉了，大都不太好意思拒绝。加上如果产品确实不错的话，消费者往往会决定当场购买。

还有就是，消费者在购买商品之前大都会衡量一下商品的价值。经比较后被认为是有价值的商品才会被消费者选择，而非最贵或者最便宜的商品。毕竟，即使再富有，也没人愿意被人当作是"大头"，而且往往越是富有的人越是善于去计算商品的价值，低收入者则更在意商品的价值，由此导致了两者在购买商品时都会先去衡量商品的价值。而免费的商品，无疑是具有绝对价值的。在日常生活中，物美价廉永远是大多数客户追求的目标。免费的产品和服务对于他们来说不啻于是白捡的诱人蛋糕，又有几个人能抵制得住这种诱惑呢？

现在，整个社会已经被"免费"所萦绕，免费营销比以往的营销手段更强烈地吸引着消费者，各类免费产品、免费服务以及免费体验蜂拥而至。怎样才能让免费营销真正有效，将免费营销的午餐，做成一席皆大欢喜的盛宴呢？

一、副产品免费带动主产品销售

比如充话费送手机。还有就是苹果公司在推出iPod时也用了这一招，他们用副产品免费提供音乐下载来促销iPod，结果使iPod全球热卖。其实，iPod昂贵的价格早已使其提供免费音乐来促销的成本可以忽略不计。

二、零首付形式的"免费"

这种方式类似于分期付款，消费者可通过信用担保，以零首付的方式购买商品，然后在分期偿还。虽然消费者一时不用付款，但是累计支付的金额远高过一次付款的金额。因为分期付款，每次还款时看来款项都不高，压力也不大，所以受到欢迎。而不用付费就可以马上拿到心仪的商品，这样可以极大地刺激消费者进行冲动消费，这对于一些价格昂贵的商品可谓是一个使消费者冲动消费的好方法，如高档手机、笔记本电脑等。

三、由免费衍生收费

现在很多娱乐场所都会在某些时候采取一种策略，使多位顾客光顾，其中一名顾客可以免票或相关费用。比如游乐园对儿童免门票，吸引来的自然是带着儿童的父母。不过很多采用此种免费策略的商家手段单一，方法僵硬，使消费者一眼识破其伎俩，产生反感，因此效果不佳。

四、免费产生消费

先免费提供商品，然后通过商品的副产品消费或提供的服务获利。比如美国很多电动车生产企业为了拓展市场，推出电动车免费赠送的营销活动，消费者只要签订一份使用协议就可以不花一分钱就把最新型的电动车开回家，但是，该企业的电动车只能到该厂特设的充电站去充电。当电池寿命耗尽时，也只能去厂家更换配套的电池。该企业电动车免费了，之后依靠价格较高的电池与充电费用赚钱。这种方式可行吗？事实证明，企业第一年收回成本，第二年就开始盈利，并且因此迅速地打开了大家一直犹豫观望的电动车市场。

五、互利免费

企业为消费者提供免费产品或服务，消费者在受益的同时，成为广告的接收者或传递者，最终促进收费产品销售。比如洗衣机生产者可以在说明书中推荐使用某品牌的洗衣粉或洗涤液，而洗衣粉生产企业则在洗衣粉包装上推荐特定品牌洗衣机或其他产品。这种互利形式使双方都可以免费得到广告宣传的机会，而这种建立于双方品牌影响力基础之上的相互背书式推荐宣传的效果，又远胜过硬性广告传播。

六、免费转嫁

比如通用汽车下属的一家4S店曾经出色地搞过一次消夏赏车晚会。组织者找到一家啤酒厂，一家汽车装饰店，一家地产公司进行合作，举行喝啤酒大赛与汽车知识问答比赛。啤酒厂提供饮品，汽车装饰美容店提供奖品，地产公司则负责前期的宣传品印制与邮寄工作，同时共享了地产公司与汽车4S店相同的客户资源。各合作企业都可以在现场摆放展板、发放宣传品和优惠券，同时又获得在电视台与广播电台曝光的机会。整个活动，这家4S店花费不足千元，却红红火火地招待了消费者，同时也大作了一次广告，皆大欢喜。

七、用免费吸引人气

比如百事可乐公司则与电玩制作公司合作，推出了一款《百事超人》的游戏，作为购买饮料的附赠品或奖品免费送给顾客，年轻人在有趣的游戏中无形接收了各种百事可乐的广告信息，促进了百事可乐的品牌建设。

八、通过免费获得综合收益

比如在美国，Google采用了一种为使用者免费提供电话查号的服务，让美国的用户不再需要花钱去查号，只要在Google上就可以免费快捷地查到号码，用户数量多到惊人。而Google不仅仅收获了大量点击率带来的广告收益，更重要的是获得了价值上千万美元的数据资料，这些资料是Google下一步进军手机语音搜索市场所必需的。

PART 03
洞察：细节里窥见客户的心理动向

在对话中判断对方性格

任何一种客户的性格都要在我们进行分析后才会得出结论，分析来源于资料，资料来源于聆听。

许多销售人员把"你希望别人怎样待你，你就怎样对待别人"视为推销的黄金准则。问题是，业务员的性格和处事方式并非与客户完全一样，业务员按照自己喜欢的方式对待客户，有时会令客户不愉快，从而给成功投上阴影。业务员按照客户喜欢的方式对待客户，才会赢得客户的喜欢。

销售人员在面对一位潜在客户时，必须清楚地了解自己和客户的行为方式是什么，使自己的行为恰如其分地适合于客户的需要。销售人员要学会用客户希望的方式与之交往，要学会用人们希望的方式向他们出售，要学会调整自己的行为、时机选择、信息、陈述以及要求成交的方式，以便使自己的行为适合于对方。

所以，在销售沟通过程中就要求销售人员及时分析客户的性格以便适应。一般情况下，我们可以将客户的性格特征和行为方式按照行事的节奏和社交能力分为四种类型，并分别用四种动物来表示：

一、老鹰型的性格特征

老鹰型的人做事爽快，决策果断，通常以事实和任务为中心，他们给人的印象是不善于与人打交道。这种人常常会被认为是强权派人物，喜欢支配人和下命令。他们的时间观念很强，讲求高效率，喜欢直入主题，不愿意花时间同人闲聊，讨厌自己的时间被浪费。所以，同这一类型的客户长时间交谈有一定难度，他们会对事情主动提出自己的看法。

二、猫头鹰型的性格特征

这类人很难让人看懂，做事动作缓慢。他们在交流中音量小而且往往处于被动的一方，不太配合对方的工作。如果对方表现得很热情，他们往往会难以接受。

他们喜欢在一种自己可以控制的环境下工作，习惯于毫无创新的守旧的工作方式。他们需要与人建立信任的关系。个人关系、感情、信任、合作对他们很重要。他们喜欢团体活动，希望能参与一些团体，而在这些团体中发挥作用将是他们的梦想。另外要注意，他们不喜欢冒险。

三、鸽子型的性格特征

该类人友好、镇静，做起事来显得不急不躁，讲话速度往往适中，音量也不大，音调会有些变化。他们是很好的倾听者，也会很好地配合对方。他们需要与人建立信任关系。他们喜欢按程序做事，且以稳妥为重，即使要改革，也是稳中求进。他们往往多疑，安全感不强，在与人发生冲突时会主动让步，在遇到压力时，会趋于附和。

四、孔雀型的性格特征

孔雀型的人基本上也属于做事爽快，决策果断的人。孔雀型的人做决策时往往不关注细节，凭感觉做决策，而且速度很快，研究表明，三次的接触就可以使他们下决心。同时，他们也喜欢有新意的东西，那些习以为常、没有创意、重复枯燥的事情往往让他们倒胃口。

在销售过程中，我们可以依靠对方的声音要素和做事的方式来进行判断。但如果是第一次与客户交流，可能对客户的做事方式了解得还不够，所以，声音要素就成了我

们在第一时间判断客户性格特征的重要依据。

怎样判断对方讲话的速度是快还是慢，声音是大还是小呢？一般来说，老鹰型的人和孔雀型的人讲话声音会大些，速度会快些，而鸽子型和猫头鹰型的人则相反。所以，通过对方讲话的速度和音量可以判断他是属于老鹰型和孔雀型的人，还是鸽子型和猫头鹰型的人。

对方是热情还是有些冷淡？对方在讲话时是面无表情呢，还是眉飞色舞？对方是否友好？一般来说，老鹰型和猫头鹰型的人，在交流中会让人觉得有些冷淡，不轻易表示热情，销售人员可能会觉得较难与其打交道；而孔雀型的人和鸽子型的人则是属于友好、热情的。

通过对话交流识别了客户的性格特征之后，我们应该尽可能地配合客户的性格特征，然后再影响他。举例来说，如果客户的讲话声音很大，我们也要相应提高自己的音量；如果客户讲话很快，我们也要相应提高语速。然后，我们再慢慢恢复到正常的讲话方式，并影响客户也将音量放低或放慢语速。

读懂客户的肢体语言

一个人想要表达他的意见时，并不见得需要开口，有时肢体语言会更丰富多彩。有人统计过，人的思想多半是通过肢体语言来表达的。我们对于他人传递的信息内容的接受，10%来自于对方所述，其余则来自于肢体语言、神态表情、语调等。

下面简要列举一些常见的肢体语言，希望能通过这样的破译助你和客户的沟通顺畅。

（1）客户瞳孔放大时，表示他被你的话所打动，已经准备接受或在考虑你的建议了。

（2）客户回答你的提问时，眼睛不敢正视你，甚至故意躲避你的目光，那表示他的回答是"言不由衷"或另有打算。

（3）客户皱眉，通常是他对你的话表示怀疑或不屑。

（4）与客户握手时，感觉松软无力，说明对方比较冷淡；若感觉太紧了，甚至弄痛了你的手，说明对方有点虚伪；如感觉松紧适度，表明对方稳重而又热情；如果客户的手充满了汗，则说明他可能正处于不安或紧张的状态之中。

（5）客户双手插入口袋中，表示他可能正处于紧张或焦虑的状态之中。另外，一个有双手插入口袋之癖的人，通常是比较神经质的。

（6）客户不停地玩弄手上的小东西，例如圆珠笔、火柴盒、打火机或名片等，说明他内心紧张不安或对你的话不感兴趣。

（7）客户交叉手臂，表明他有自己的看法，可能与你的相反，也可表示他有优越感。

（8）客户面无表情，目光冷淡，就是一种强有力的拒绝信号，表明你的说服没有奏效。

（9）客户面带微笑，不仅代表了友善、快乐、幽默，而且也意味着道歉与求得谅解。

（10）客户用手敲头，除了表示思考之外，还可能是对你的话不感兴趣。

（11）客户用手摸后脑勺，表示思考或紧张。

（12）客户用手搔头，有可能他正试图摆脱尴尬或打算说出一个难以开口的要求。

（13）客户垂头，是表示惭愧或沉思。

（14）客户用手轻轻按着额头，是困惑或为难的表示。

（15）客户顿下颌，表示顺从，愿意接受销售人员的意见或建议。

（16）客户颔部往上突出，鼻孔朝着对方，表明他想以一种居高临下的态度来说话。

（17）客户讲话时，用右手食指按着鼻子，有可能是要说一个与你相反的事实、观点。

（18）客户紧闭双目，低头不语，并用手触摸鼻子，表示他对你的问题正处于犹豫不决的状态。

（19）客户用手抚摸下颚，有可能是在思考你的话，也有可能是在想摆脱你的办法。

（20）客户讲话时低头揉眼，表明他企图要掩饰他的真实意图。

（21）客户搔抓脖子，表示他犹豫不决或心存疑虑；若客户边讲话边搔抓脖子，说明他对所讲的内容没有十分肯定的把握，不可轻信其言。

（22）客户捋下巴，表明他正在权衡，准备做出决定。

（23）在商谈中，客户忽然把双脚叠合起来（右脚放在左脚上或相反），那是拒绝或否定的意思。

（24）客户把双脚放在桌子上，表明他轻视你，并希望你恭维他。

（25）客户不时看表，这是逐客令，说明他不想继续谈下去或有事要走。

（26）客户突然将身体转向门口方向，表示他希望早点结束会谈。

当然，客户的肢体语言远不止这些，平时善于察言观色的客服人员，再加上阅人无数的工作，一定可以总结出一套行之有效的方法。

百般辨别"石头"顾客

有些时候，尽管推销员做出很多努力，但仍无法打动顾客。他们明确地用消极的信号告诉你，自己并不感兴趣。推销员与其继续游说，不如暂停言语，相机而动。

一般来说，如果一个顾客明显做出下列表情，就说明他已经进入消极状态。

一、眼神游离

如果顾客没有用眼睛直视推销员，反而不断地扫视四周的物体或者向下看，并不时地将脸转向一侧，似乎在寻找更有趣的东西，这就说明他对推销的产品并不感兴趣。如果目光呈现出呆滞的表现，则说明他已经感到厌倦至极，只是可能碍于礼貌不能立刻让推销员走开。

二、表现出繁忙的样子

假如顾客一见到推销员就说自己很忙，没有时间，以后有机会一定考虑相关产品；或者在听推销员解说的过程中不断地看手表，表现出有急事的样子，说明他可能是在应付推销员。

实际上，他很可能并没有考虑过被推销的产品，也不想浪费时间听推销员的解说。而如果推销员没有足够的耐心引导他进行购买，交易将很难成交。

三、言语表现

如果顾客既不回应，也不提出要求，更没让推销员继续做出任何解释，而是面无表情地看着推销员，说明顾客感到自己受够了，这个聒噪的推销员可以立刻走人了。

四、身体的动作

顾客在椅子上不断地动，或者用脚敲打地板，用手拍打桌子或腿、把玩手头的物件，都是不耐烦的表现。如果开始打哈欠，再加上头和眼皮下垂，四肢无力地瘫坐着，就表明他感到推销员的话题简直无聊透顶，他都要睡着了，即使推销员硬说下去，也只会增加他的不满。

面对顾客的上述表现，推销员可以做出最后一次尝试，向顾客提出一些问题，鼓励他们参与到推销之中。如果条件允许，可以让顾客亲自参与示范、控制和接触产品，以转变客户对产品冷漠的态度。如果客户的态度仍不为所动，则你可以尝试退一步的策略，即请顾客为公司的产品和自己的服务提出意见并打分，如果顾客留下的印象是正面的，或者下一次他想购买相关产品时，就会变成你的顾客。在这一过程中，一定要保持自信和乐观、热情的态度，不应因为遭到拒绝而给客户脸色看。

第 二 篇

推销心理学

PART 01
别被顾客挡在门外

三分钟提案突破秘书关

大多数秘书一般不会对第一次与之打交道的供应商存有成见。你只要做一件事就行了：把你要找的人的名字或职务告诉她，她就会替你接通或是告诉你何时可以来电。

在进行电话行销时，只有找到决策人才算是沟通的开始，因为非决策者无法对你所提供的产品和服务做出购买的决定，甚至根本不感兴趣，所以商务电话沟通最重要的一点是如何找到真正的购买者。能做决策的购买者往往是公司或企业的高层或负责人，在找到他们之前，电话往往迂回地被对方的秘书或接线员挡驾。所以学会如何在短时期内，甚至在三分钟内突破这些秘书的挡驾也将是一个重要的环节。因此，你就要好好做好这三分钟提案，以此突破秘书关。

对于电话行销人员来说，带有否定意味的语言对达成共识百害而无一利。大多数人在打电话时会这样提问："你好，腾飞公司吗？请问，经理现在有时间吗？"接线人就说："你下午打来吧。"你准备了大半天的好态度，被她一句话就给对付了。错在哪里？错就错在你不懂得语气是个什么概念，语气会传达出什么样的暗示效果。

什么是语气？你的询问方式正是一种语气。

某公司经理曾这样说："有时我看着业务新手打电话，真让我啼笑皆非。我说，你怎么不问他们经理今天呼吸吗？你可以等他忙完了再打吗？那你就永远也不要打了。"

所以说，绕障碍的时候，不要先去问人家有没有时间，而要表达出这个电话的重要性。

绕障碍时，你可以暗示出你与拍板人有一定的关系，也可以暗示这个电话是不容耽误的，或使用其他技巧避免说出具有否定意味的话。

这种时候，你可能会遇到对你的业务感兴趣的秘书，但你要明白负责人才有权采购货品，秘书并不具备这种权力，尽管她可能会有兴趣，但同她谈生意是没有意义的。假如秘书想知道你要求约见的原因，你只能笼统地回答，详情如颜色、尺寸、价格等对采购部负责人才有意义的，用不着告诉秘书。对秘书讲的话要尽可能少，其原因如下：

（1）如果是由秘书把你谈的详情转达给采购部负责人，虽然你讲得很诱人，但她的转达可能会有出入。

（2）你讲的话可能会被曲解。

（3）就买方的特殊要求而言，你的商品的真正优势可能体现不出来。

有时候，推销员在过秘书这一关时，总喜欢用提问的语言，可是有些时候提问也会引起接线人的纠缠，引得你不得不谈问题。所以，应避免在绕障碍时信口提问。有些人说："如果你想让人听你讲话，你首先就要给对方制造出一种积极心理，让他乐于听你讲话。"然后又说，"最有效的方法是，通话时先问对方：'我现在可以同您交谈吗？'"接着就想当然地猜测说："对方会因为你尊重了他的时间，就有了与你通话的愿望。"

这种开场白说了之后，的确会使接线人意识到对方把谈话的主动权交给了自己，从而减少了一些电话暴力的印象，但是我们不提倡在绕障碍时用这种方法向接线人提问。比如说，"请问您现在有时间吗？我找一下你们经理，他在不在？"你这样说，就做出一个想跟接线人深入交谈的架势。这种暗示是错误的，就算接线人刹那间感到了你那脉脉的温情，同时也会产生警觉，接下来就会问你："你到底是谁？你什么事？你要做什么？你要求什么？"这会给绕障碍造成很大的麻烦。

有一点要特别注意：接线人之所以有问题，是电话行销人员引导他们提问的。而如果接线人没有问题，不是因为他没有想法，而是你给了他信任，当信任大于问题时就没有什么问题了。

那么如何才能顺利突破秘书关？下面的法则可供参考：

一、恳求帮助法则

每个人内心深处都有贡献他人和社会的情怀，有帮助他人的意愿。所以突破秘书关的第一个方法就是帮助法则。

"××小姐，您好！我有急事需要马上跟张总商讨一下，您可不可以帮我把电话直接转给张总？"提出这个愿望，同时你说的话又讲得非常贴切有礼貌，对方就很难拒绝。

二、妙用私事法则

"我找王总。"

"请问你找王总有什么事情？"

"我跟王总之间有些个人私事，麻烦帮我转接他的电话。"

"好吧，我帮你转进去。"一般的秘书害怕涉及总裁的隐私，万一处理不好她就要被炒鱿鱼，她觉得不太合算，就会马上给你转进去。不过，你讲话的语言、声音要让她感觉到你跟总裁之间有私事、私交、私情。

三、赞美须恰如其分

如果一位秘书听到了对她非常巧妙的赞美，而且这些赞美的语句在她的生活当中从来没有遇到过，她会非常高兴的。很多人往往都会在电话中这样赞美别人："喂，小姐，你好漂亮！""噢，你没有看到我，怎么会知道我很漂

亮？""啪"的一声把你的电话挂断了，因为你的赞美不切实际。你在这个时候的赞美一定要非常贴切，赞美秘书的时候一定要能够建立跟秘书的亲和力。"×××秘书，你的声音真的是我听过的最动听的声音。一听到你的声音我就感觉到你在这个方面真的是非常有涵养。"

四、让秘书觉得你是一流人物

你可以在接通电话后，马上用和缓的口吻问一下对方的姓氏："您好，请问您是哪位？"这样就在错觉上扭转了双方立场上的关系。因为，当你要求对方报出姓名时，本来是代表着权威的接线人立即就被拉到了一般水准。她甚至会觉得不可以不认真对待这个电话，否则，就会有一些责任上的追究。当对方想尽快解除心理上的压力时，就把相关的信息泄露了出来。如果自己觉得在绕过秘书这道障碍时没有把握，你可以先把你要说的话或采取的说话方式以提案的形式写在纸上，打电话的时候就多了一份信心和底气。再者还要注意，打电话时应尊重对方的员工，一开始就取得他们的信任及好感，对以后的工作将有极大帮助。

像商品一样，把自己最好的一面展示在顾客面前

优秀的销售员在与他人分享自己的经验时，总会说到这样一句话，"销售产品前，首先是销售你自己"，或者"销售就是销售自己"。

"形象就是自己的名片"，给客户留下的第一印象，决定了一个销售员能否让客户接受并购买产品。对于销售员来说，个人的形象十分重要，要想销售产品，首先要将自己推销给客户，只有客户接受了你，他才会考虑你的产品。

销售员的外表和修饰在客户心目中会直接影响所销售产品本身的质量。销售员作为产品与客户之间的纽带，其外形和举止是决定客户是否购买的关键因素，因为让客户满意就等同于客户的"安心"需求得到满足。

在留给客户的第一印象中，衣装的决定作用高达95%。当销售人员穿着得体、修饰恰当、皮鞋锃亮，是一个专业的职业形象时，客户会第一时间下

意识地判断这个销售员的背后是一个优秀的公司，且其具备优质的产品或服务。而守时、礼貌、准备充分的行为同样会给客户留下积极的印象。这些好的印象会像光圈一样扩展到销售员所销售的产品或服务上。

相反，如果一个销售人员衣着邋遢、不修边幅，或者有迟到、举止轻率、零乱等行为，"所看即所得"的印象会让客户对其充满质疑。客户会想当然地认为销售员所在的公司是一家二流甚至三流的公司，提供的产品或服务也不会好到哪里去。

吴坤刚来公司时和一般人一样，都是从普通的业务员做起。为了工作需要，公司统一发了一套西服，但需交服装押金300元。由于他刚毕业，这又是第一份工作，手头比较紧张，而且他嫌西服过于正式，干脆就不穿西服了。吴坤平时喜欢穿休闲装，他觉得，一个男人穿着西服，却骑着一辆自行车，简直不伦不类。所以，上门谈业务时，他没有按公司的要求，而是一如既往地穿着一身休闲装；同时，他也不太在乎客户的感觉，说话大大咧咧，行为举止显得十分不雅。因此，虽然他每天出入于写字楼和高档宾馆做业务，但几个月下来一项业务也没有做成。

一天，当吴坤敲开一家客户的门时，女主人在门缝里对他说："你来晚了，他带着孩子到河边去了，你到那里去找他吧。"吴坤一听，就显得特别不高兴，这种情绪马上反应在脸上，他刚想发挥口才，但门已关上了。

当吴坤扫兴地走下台阶时，一个女孩儿冲他打招呼："嗨，能陪我打一会儿网球吗？"

反正业务也吹了，有漂亮女孩儿相陪也能解闷。吴坤与女孩儿打了三局，女孩对他的球技非常欣赏。谈话中，吴坤告诉她自己是某公司的业务员，运气不好，一直未能说服客户。

女孩儿问吴坤："你平时也穿休闲装与客户谈业务吗？"他点点头。女孩儿背起球拍对吴坤说："只有在网球场上我才理你，如果你是这样的脸色、行为举止以及这身打扮到我家谈业务，我也不会理你！"

真是这样吗？第二天，吴坤改变习惯，换上了一套西服，礼貌地再次敲响客户的门。这次还真的成功了！从此他开始注重自己的仪表装束，业务进展很快，一年后便当上了部门经理。

　　当然，印象的形成不单单只以外表为参照标准，表情、动作、态度等也非常重要，即使你长得不是很漂亮，只要充满自信，态度积极诚恳，同样会感染、感动客户。

　　日本著名的销售大师原一平先生根据自己50年的推销经验，总结出了"整理服饰的8个要领"和"整理外表的9个原则"。

　　整理服饰的8个要领：

　　（1）与你年龄相近的稳健型人物，他们的服装可作为你学习的标准。

　　（2）你的服装必须与时间、地点等因素符合，自然而大方，还得与你的身材、肤色相搭配。

　　（3）衣着穿得太年轻的话，容易招致对方的怀疑与轻视。

　　（4）流行的服装最好不要穿。

　　（5）如果一定要赶流行，也只能选择较朴实无华的。

　　（6）要使你的身材与服装的质料、色泽保持均衡状态。

　　（7）太宽或太紧的服装均不宜，大小应合身。

　　（8）不要让服装遮掩了你的优秀素养。

　　整理外表的9个原则：

　　（1）外表决定了别人对你的第一印象。

　　（2）外表会显现出你的个性。

　　（3）整理外表的目的就是让对方看出你是哪一类型的人。

　　（4）对方常依你的外表决定是否与你交往。

　　（5）外表就是你的魅力表征。

　　（6）站姿、走姿、坐姿是否正确，决定你让人看起来顺不顺眼。不论何种姿势，基本要领是脊椎挺直。

　　（7）走路时，脚尖要伸直，不可往上翘。

　　（8）小腹往后收，看来有精神。

　　（9）好好整理你的外表，会使你的优点更突出。

感动接待人员，变销售障碍为签单的桥梁

陈成是推销水泥用球磨机的业务员，他认为某市是个水泥厂集中的地区，对球磨机的需求肯定不小，于是他打点行装就过去了。

通过走访，陈成了解到，不久之前，有一家外资企业在此刚刚开业，他们的悬窑生产线采用了世界上最先进的技术，其球磨机对铸球料的质量要求极高。如果能和这家大企业建立起购销关系，该地区其他小厂肯定会纷纷效仿。

做好准备后，陈成就登门拜访去了。没想到刚到大门前，他就被门卫非常客气地挡在了外面。在出示了一系列证件后，门卫才帮他拨通总经理办公室的电话。可想而知，陈成遭到了拒绝。

跑了上千公里路，结果连人家的厂门也没有进去，陈成当然很不甘心。他想，阻拦自己的是谁呢？是门卫。所以，他就在门卫身上下起了功夫。

陈成使尽了各种方法，门卫都不愿意放他进去，门卫说："我不会让你进去的！你要搞清楚，我好不容易才得到这份工作，请你不要给我添乱了！"

陈成见正面请求没有见效，于是，就转换策略与门卫拉起了家常。门卫开始不愿意与他多说话，后来见他比较真诚，就爱答不理地应付了几句。

到了后来，两人竟然聊得很投机，陈成就对门卫说："大哥，我这份工作来得也不容易啊！这次我跑了上千多公里路来到这里，如果连你们的厂门都进不去的话，我的饭碗可能会保不住。但我知道您也不容易，就不难为您了，我打算明天就回去，以后记得常联系啊！"

门卫就动了真感情，悄悄告诉他说："总经理每天早上8点准时进厂，如果你有胆量，就堵住他的车。记住，他乘坐的是一辆白色宝马。我只能帮

你这么多了。"

　　获此消息，陈成喜不自禁。第二天天刚蒙蒙亮，他就开始在厂外等候，并终于见到了总经理。经过一番艰苦的谈判，厂方订了一大批货。

　　对于那些上门做业务的推销员而言，门卫、秘书等接待人员往往成为他们接触负责人的最大障碍。因此，推销员首先应取得这些人的认可，才有可能达到签单的目的。

　　在案例中，推销员陈成为了拿下一个大客户而登门拜访，但始终过不了门卫这一关，无论他怎样请求，都无济于事。门卫不放推销员进去是在履行自己的职责，也就是说此时的门卫正在使用左脑思考，推销员要想进入公司，就必须改变策略，让门卫放弃使用左脑。

　　陈成不愧为一个左右脑推销的高手，他及时转变了策略，与门卫拉起了家常，这是一个典型的右脑策略。两人越聊越投机，最后陈成说："大哥，我这份工作来得也不容易啊！……以后记得常联系啊！"这句话同样是直接作用于门卫的右脑，尤其是"大哥"这个非正式的称呼更是拉近了两个人的距离，获得了对方进一步的好感。最终，右脑策略取得了成功，门卫彻底放弃了左脑的理性思考，而向他透露了总经理的信息，陈成最终见到了总经理，成功签约。

　　可见，当推销员遭到接待人员的拒绝后，千万不要灰心，而是要积极发挥自己右脑的实力，与他们搞好关系，一旦获得了接待人员的认可，由于他们对负责人的情况比较了解，就可以变障碍为桥梁，顺利达到你的目的。

以朋友介绍的名义开场，消除客户的戒备心

　　刚辞职"下海"的张娟做起了推销日用化妆品的工作，由于是新手，又摸不清客户心理，因此推销的成绩很不理想，一连几天都没有把东西推销出去，因此她心里焦急万分，便想打退堂鼓。不料，这时突然"柳暗花

明"了。那一天，她又在推销。进入一家商店时，正好碰上了以前高中时的同学王丽。

得知张娟正在推销化妆品后，王丽为她介绍了一个熟人——一位百货公司化妆品部经理。

张娟高兴极了，第二天她就登门拜访了这位经理。

"您好，是李总吗？我是王丽的朋友，是她介绍我认识您的。王丽是我高中同学，而且同桌了一年，比我大一岁。"

"是吗，你好，我也很长时间没见到她了，不知道她最近怎么样了。"

"我昨天刚碰到过她了，她最近挺好的，在进修国际贸易，她总是那么爱学习。她对您赞誉有加，说您勇于打破一切常规，敢于从零做起，她相当欣赏您。"

"真的吗？"

"她说您在学生时代还看不出什么，但是没想到进入社会后就慢慢崭露头角。您有朝一日必定大有作为，所以还要请您多多关照，多多提拔。"

"哪里，过奖了。"

"听王丽说，你们在大学读书时经常利用节假日去学校附近的江边做野炊，江里边有个小岛，叫作什么岛来着？"

"孔雀岛。"

"对，对，孔雀岛，上面肯定有很多孔雀吧。听说有一次你们在岛上野炊，忽然下起大雨，江面突然涨水了，平日干涸的河段也涨满水，你们差点回不来了。我听着，都感到挺有趣的。想来，您亲身经历过，应该感触更深吧！"

"你们那班的朋友，现在还都有联系吧？"

"也没有，有好多朋友失去了联系。"

"说得也是，离开学校后，各有各的事业，各有各的前程，天各一方的，联系起来就没有那么容易了。"

"李总，不好意思，只顾谈你们的过去，忘了自我介绍。我叫张娟，现在从事的是化妆品销售工作。我想，在这方面您一定可以帮到我。"

"……"

"现在化妆品比较走俏，市场也很大。"

"可是，质次价高，名不副实，也不好经营，我们现在正在为这个问题发愁呢！"

"李总，我们公司新近研制出了几个型号，现在正在开拓市场。"

"那你说说看。"

于是，张娟认真地将准备好的工作说了一遍，得到了李总的认同，签订了合同。

经过这件事以后，张娟也有了信心，慢慢地摸索出了一套寻找客户的方法，推销业绩日趋上升，也不再想着转行了。

在推销行业中，推销员以朋友介绍的名义去拜访一个新客户，这个新客户要想拒绝推销员是比较困难的，因为他如果这样做就等于拒绝了他的朋友。这个案例中张娟就是通过朋友的关系成功拿下一个新客户的。

在案例中，日用化妆品推销员张娟偶遇高中同学王丽，在王丽的介绍下，去拜访某百货公司的化妆品部经理。见到潜在客户后，张娟自报家门说："我是王丽的朋友，是她介绍我认识您的。"我们知道，面对陌生人，任何人都会很自然地产生一种警惕心理。如果在推销员刚开始就说明自己与介绍人的关系，客户的警惕心理就会减少很多。这是一种典型的右脑策略。

然后，张娟又向客户传达了介绍人的近况，以及介绍人对客户的评价、客户以前的趣事等，让客户的右脑逐渐感知到，这个人确实是朋友介绍来的，可以信任，这对销售起到了很好的促进作用。

最后，张娟又顺势引导客户到自己的销售目的上来，由于客户已经对推销员建立了好感和信任，接下来的谈话也就非常顺利了，张娟成功地拿下了这个新客户。

由此可见，通过朋友介绍的名义去拜访客户，更容易获得客户的信任，对成交更有利。因此，推销员们一定要注意与朋友和客户保持联络，有时甚至是只见过一面的人都可以使你获得更多的客户资源。

PART 02
会听会问，挖掘客户的
真实意愿

倾听其实是对客户最大的尊重

倾听是一种特殊的沟通技巧，这个技巧很简单，但却很少能引起推销员的重视。

艾格："您好！我是艾格。今天下午我曾经向您介绍了一辆新车，眼看您就要买下，却突然走了。"

客户："喂，您知道现在是什么时候吗？"

艾格："非常抱歉，我知道现在已经是晚上11点钟了，但是我检讨了一下午，实在想不出自己错在哪里，因此特地打电话向您讨教。"

客户："真的吗？"

艾格："肺腑之言。"

客户："很好！你在用心听我说话吗？"

艾格："非常用心。"

客户："可是今天下午你根本没有用心听我讲话。就在签字之前，我提到小儿子的学科成绩、运动能力以及他将来的抱负，我以他为荣，

但是你却毫无反应。"

艾格："如果是这样，我对我的行为深感歉意。我也万分感激您让我懂得了一个重要的道理，那就是任何时候都需要认真聆听客户的话语。"

人人都喜欢被他人尊重，受别人重视，这是人性使然。当你专心听客户讲话，客户会有被尊重的感觉，因而可以拉近你们之间的距离。卡耐基曾说：专心听别人讲话的态度，是我们所能给予别人的最大赞美。不管对朋友、亲人、上司、下属，聆听有同样的功效。

很显然，艾格之所以失去这个客户，正是因为他没有领会到聆听的重要性。

在推销过程中，耐心倾听顾客的心声，用肯定的话对客户进行附和，你的客户会对你心无旁骛地听他讲话感到非常高兴。根据统计数据，在工作中和生活中，人们平均有40%的时间用于倾听。倾听让我们能够与周围的人保持接触。失去倾听能力也就意味着失去与他人共同工作、生活、休闲的可能。

所以，在商务电话沟通中，发挥听的功效是非常重要的，只要你听得越多、听得越好，就会有越多的客户喜欢你、相信你，并且要跟你做生意。成功的聆听者永远都是最受人欢迎的。

聆听客户的抱怨，会有新的发现

俗话说："伸手不打笑脸人。"我们不难联想到自己工作、生活中的一些场景，比如当领导发火时，赶紧主动道歉，将责任全部揽到自己身上；比如爽约了，见面马上道歉，并想办法让对方开心，你笑脸待人，对方还忍心对你"开枪"吗？

　　微笑和真诚是影响客户情绪的重要因素，可以化客户的怒气为平和，化客户的拒绝为认同。

　　在销售过程中，客户的情绪往往是变化无常的，如果销售人员不注意，则很可能会由于一个很小的动作或一句微不足道的语言，使客户放弃购买，导致之前所做的一切努力都付诸东流。尤其是面对客户对于产品的价格、质量、性能等各个方面的抱怨，如果销售员不能够正确妥善地处理，将会给自己的工作带来极大的负面影响，不仅仅影响业绩，更可能会影响公司的品牌。

　　所以，学会积极回应客户的抱怨，温和、礼貌、微笑并真诚地对客户做出解释，消除客户的不满情绪，让他们从不满到满意，相信销售员收获的不仅仅是这一次的成交，而是客户长久的合作。

　　客户的抱怨一般来自以下两个方面。

　　第一，对销售人员的服务态度不满意。比如有些销售员在介绍产品的时候并不顾及客户的感受和需求，而是像为了完成任务而一味说产品多好；或者是在客户提出问题后销售人员不能给出让客户满意的回答；或是在销售过程中销售员不能做到一视同仁，有看不起客户的现象等。

　　第二，对产品的质量和性能不满意。这很可能是客户受到广告宣传的影响，对产品的期望值过高引起，当见到实际产品，发现与广告中存在差距，就会产生不满。还有一些产品的售后服务或价格虚高都会成为客户抱怨的诱因。

　　销售人员面对这种抱怨或不满，要从自己的心态上解决问题，认识到问题的本质。也就是说，应将客户的抱怨当成不断完善自身从而做到最好的机会和指导。客户为什么会对我们抱怨？这是每一个销售人员应该认真思考的问题。其实，客户的抱怨在很大程度上是来自于期望，对品牌、产品和服务都抱有期望，当发现与期望中的情形不同时，就会促使抱怨情绪的爆发。不管面对客户怎么样的抱怨，销售人员都能做到保持微笑，认同客户，真诚地提出解决方案。这样，不但不影响业绩，相反会使业绩更上一层楼。

情绪管理是每一个人都应该必修的课程，对于从事销售的人尤其如此。面对客户的抱怨，销售人员首先需要做的就是控制情绪，避免感情用事，即使客户的抱怨是鸡蛋里挑骨头，甚至无理取闹，销售人员都要控制好自己的情绪，回客户以真诚的笑容，用温和的态度和语气进行解释。解释之前一定要先对客户表示歉意和认同，这就是继控制情绪之后的第二个步骤：影响客户的情绪，化解他的不满。

在面对客户的抱怨时，销售员最忌讳的是回避或拖延问题，要敢于正视问题，以最快的速度予以解决。站在客户的立场思考问题，并对他们的抱怨表示感谢，因为他们帮助自己提高了产品或服务的质量。

记住，微笑和真诚永远是解决问题的最好方式。微笑多一些，态度好一些，解决问题的速度快一些，就会圆满解决问题。化干戈为玉帛，化抱怨为感谢，化质疑为信赖。这样，抱怨的客户反而很可能会成为你永远的客户。

技巧提问胜于一味讲述

在推销活动中，大多数推销人员总是喜欢自己说个不停，希望自己主导谈话，而且还希望顾客能够舒舒服服地坐在那里被动地聆听，以了解自己的观点。但问题是，客户心里往往很排斥这种说教式的叙述，更不用说推销员及产品会获得客户的好感了。

无论哪种形式的推销，为了实现其最终目标，在推销伊始，推销人员都需要进行试探性的提问与仔细聆听，以便顾客有积极参与推销或购买过程的机会。当然，最重要的还是要尽可能的有针对性地进行提问，以便使自己更多、更好地了解顾客的观点或者想法，而非一味地表达自己的观点。

我们来看一下这位家具推销员与顾客琳达之间的对话，你可以从中得到启发。

推销员："我们先谈谈你的生意，好吗？你那天在电话里跟我说，你想买坚固且价钱合理的家具，不过，我不清楚你想要的是哪些款式，你的销售对象是哪些人？能否多谈谈你的构想？"

琳达："你大概知道，这附近的年轻人不少，他们喜欢往组合式家具连锁店跑；不过，在111号公路附近也住了许多退休老人，我妈妈就住在那里。一年前她想买家具，可是组合式家具对她而言太花哨了，她虽有固定的收入，但也买不起那种高级家具；以她的预算想买款式好的家具，还真是困难！她告诉我，许多朋友都有同样的困扰，这其实一点也不奇怪。我做了一些调查，发现妈妈的话很对，所以我决心开店，顾客就锁定这群人。"

推销员："我明白了，你认为家具结实，是高龄客户最重要的考虑因素，是吧？"

琳达："对，你我也许会买一张300元的沙发，一两年之后再换新款式。但我的客户生长的年代与我们有别，他们希望用品常葆如新，像我的祖母吧，她把家具盖上塑胶布，一用就30年。我明白这种价廉物美的需求有点强人所难，但是我想，一定有厂商生产这类的

家具。"

　　推销员："那当然。我想再问你一个问题，你所谓的价钱不高是多少？你认为主顾愿意花多少钱买一张沙发？"

　　琳达："我可能没把话说清楚。我不打算进便宜货，不过我也不会采购一堆路易十四世的鸳鸯椅。我认为顾客只要确定东西能够长期使用，他们能接受的价位应该在450元到600元。"

　　推销员："太好了，琳达，康福一定帮得上忙，我花几分钟跟你谈两件事：第一，我们的家具有高雅系列，不论外形与品质，一定能符合你客户的需要，至于你提到的价钱，也绝对没问题；第二，我倒想多谈谈我们的永久防污处理，此方法能让沙发不沾尘垢，你看如何？"

　　琳达："没问题。"

　　这位推销员在与客户琳达交谈的过程中，通过针对性地提问了解到客户的需求，并清楚、准确地向顾客介绍了自己的产品，让顾客确切地了解自己推销的产品如何满足他们的各种需要。因此，推销员详细地向顾客提问，尽可能找出自己需要的、产品完全符合顾客的各种信息，这是必不可少的。

与客户洽谈的过程中，通过恰到好处的提问与答话，有利于推动洽谈的进展，促使推销成功。那么，在推销实践中都有哪些提问技巧呢？

一、单刀直入法提问

这种方法要求推销人员直接针对顾客的主要购买动机，开门见山地向其推销，请看下面的场面：

门铃响了，当主人把门打开时，一个穿着体面的人站在门口问道："家里有高级的食品搅拌器吗？"男人怔住了，转过脸来看他的夫人，夫人有点窘迫但又好奇地答道："我们家有一个食品搅拌器，不过不是'高级的'。"推销人员回答说："我这里有一个高级的。"说着，他从提包里掏出一个高级食品搅拌器。接着，不言而喻，这对夫妇接受了他的推销。

假如这个推销人员改一下说话方式，一开口就说："我是×公司推销人员，我来是想问一下你们是否愿意购买一个新型食品搅拌器。"这种说话的效果一定不如前面那种好。

二、诱发好奇心法提问

诱发好奇心的方法是在见面之初直接向潜在的买主说明情况或提出问题，故意讲一些能够激发他们好奇心的话，将他们的思想引到你可能为他提供的好处上。

一个推销人员对一个多次拒绝见他的顾客递上一张纸条，上面写道："请您给我十分钟好吗？我想为一个生意上的问题征求您的意见。"纸条诱发了采购经理的好奇心——他要向我请教什么问题呢？同时也满足了他的虚荣心——他向我请教！这样，结果很明显，推销人员应邀进入办公室。

三、"刺猬反应"提问

在各种促进买卖成交的提问中，"刺猬反应"技巧是很有效的。所谓"刺猬反应"，其特点就是你用一个问题来回答顾客提出的问题，用自己的问题来控制你和顾客的洽谈，把谈话引向销售程序的下一步。让我们看一看"刺猬反应"式的提问法。

顾客："这项保险中有没有现金价值？"

推销人员："您很看重保险单是否具有现金价值的问题吗？"

顾客："绝对不是。我只是不想为现金价值支付任何额外的金额。"

对于这个顾客，你若一味向他推销现金价值，你就会把自己推到河里去，一沉到底。这个人不想为现金价值付钱，因为他不想把现金价值当成一桩利益。这时，你应该向他解释现金价值这个名词的含义，提高他在这方面的认识。

PART 03
突破客户的心理薄弱点

天下客户都一样，四大效应让你轻松赢得客户好感

作为销售人员，我们总会遇到各种各样的客户，最大的问题就是如何让客户接受我们并愿意与我们进一步接触。

一、移情效应

"爱人者，兼其屋上之乌"，心理学中把这种对特定对象的情感迁移到与其相关的人、事、物上来的现象称为"移情效应"。

移情效应表现为人、物和事情上，即以人为情感对象而迁移到相关事物的效应或以物、事为情感对象而迁移到相关人的效应。据说蹴鞠（足球）是高俅发明的，他的球踢得好，皇帝从喜爱足球到喜爱高俅，于是最后高俅成了皇帝的宠臣。而生活中的"以舞会友""以文会友"等很多活动都是通过共同的爱好而使不相识的人建立了友谊，这些都是移情效应的表现。

销售人员在与客户打交道的过程中，这种移情效应的巧妙应用会大大增加交易成功的概率。

拉堤埃是欧洲空中汽车公司的推销员，他想打开印度市场，但当他打电话给拥有决策权的拉尔将军时，对方的反应却十分冷淡，根本不愿意会面。经

过拉堤埃的强烈要求，拉尔将军才不得不答应给他10分钟的时间。

会面刚开始，拉堤埃便告诉拉尔将军，他出生在印度。拉堤埃又提起自己小时候印度人对自己的照顾，和自己对印度的热爱，使拉尔将军对他生出好感。之后，拉堤埃拿出了一张颜色已经泛黄的合影照片，恭敬地拿给将军看。那是他小时候偶然与甘地的一张合影。于是，拉尔将军对印度和甘地的深厚感情，便自然地转到了拉堤埃身上。毫无疑问，最后生意也成交了。

移情效应是一种心理定式。正所谓"七情六欲"是人的本性，所以人和人之间最容易产生情感方面的好恶，并由此产生移情效应。洞悉人性，把握人性，要迈出销售第一步，就应该像拉堤埃一样懂得这一点。

二、喜好原理

人们总是愿意答应自己认识和喜欢的人提出的要求。而与自己有着相似点的人、让我们产生愉悦感的人，通常会是我们喜欢的人。这就是喜好原理。

不怕客户有原则，就怕客户没爱好。销售员可以从下面5个方面发觉自己对别人与客户的相似度。

（1）打造迷人的外表吸引力。一个人的仪表、谈吐和举止，在很大程度上决定了其在对方心目中是否能受到欢迎。

（2）迅速寻找彼此的相似性。物以类聚，有着相同兴趣、爱好、观点、个性、背景，甚至穿着的人们，更容易产生亲近感。

（3）想办法与目标对象接触。人们总是对接触过的事物更有好感，而对熟悉的东西更是有着特别的偏爱。

（4）制造与美好事物的关联。如果我们与好的或是坏的事情联系在一起，会影响到我们在旁人心中的形象。

（5）毫不吝惜你的赞美之词。发自内心的称赞，更会激发人们的热情和自信。

喜好原理的关键是获得他人的好感，进一步建立友谊。在中国，将喜好原理用得炉火纯青的就是保险公司了。他们还总结提炼了"五同"，即同学、同乡、同事、同窗以及同姓。总之，只要可以联系上的都可以展开销售的动作，因为这有利于建立关系，达成交易。

三、自己人效应

19世纪末欧洲最杰出的艺术家之一的温森特·凡·高，曾在博里纳日做过一段时间的牧师。那是个产煤的矿区，几乎所有的男人都下矿井。他们工作危险，收入微薄。凡·高被临时任命为该地的福音传教士，他找了峡谷最下头的一所大房子，和村民一起在房子里用煤渣烧起了炉子，以免房子里太寒冷。之后，凡·高开始布道。渐渐地，博里纳日人脸上的忧郁神情渐渐消退了，他的布道受到了人们的普遍欢迎。作为上帝的牧师，他似乎已经得到了这些满脸煤黑的人们的充分认可。

可是为什么呢？凡·高百思不得其解。突然脑海中突然闪过一个念头，他跑到镜子前，看见自己前额的皱纹里、眼皮上、面颊两边和圆圆的大下巴上，都沾着万千石山上的黑煤灰。"当然！"他大声说，"我找到了他们对我认可的原因，因为我终于成了他们的自己人了！"

一个人，一旦认为对方是"自己人"，则从内心更加接受，不自觉地会对其另眼相待。

在生活中，"自己人效应"很是普遍。一个很简单的例子：本专业的教师向大学生介绍一种工作和学习的方法，学生比较容易接受和掌握；若其他专业的教师向他们介绍这些方法，学生就不容易接受。

销售员要想得到客户的信任，想办法让对方把自己视为"自己人"，这无疑是一条捷径。

四、兴趣效应

人与人在交往的过程中，常常会出现"惺惺相惜"的情况，社会心理学认为，共同的兴趣是"相见恨晚"的重要因素。

　　高珊是一名自然食品公司的推销员。一天，高珊还是一如往常，登门拜访客户。当她把芦荟精的功能、效用告诉客户后，对方表示没有多大兴趣。当她准备向对方告辞时，突然看到阳台上摆着一盆美丽的盆栽，上面种着紫色的植物。于是，高珊好奇地请教对方说："好漂亮的盆栽啊！平常似乎很少见到。"

　　"确实很罕见。这种植物叫嘉德里亚，属于兰花的一种，它的美，在于那种优雅的风情。"

　　"的确如此。一定很贵吧？"

　　"当然了，这盆盆栽要800元呢！"

　　高珊心里想："芦荟精也是800元，大概有希望成交。"于是她开始有意识地把话题转入重点。

　　这位家庭主妇觉得高珊真是有心人，于是开始倾其所知传授所有关于兰花的学问。等客户谈得差不多了，高珊趁机推销产品："太太，您这么喜欢兰花，一定对植物很有研究。我们的自然食品正是从植物里提取的精华，是纯粹的绿色食品。太太，今天就当作买一盆兰花，把自然食品买下来吧！"

　　结果这位太太竟爽快地答应了。她一边打开钱包，一边还说："即使我丈夫，也不愿听我絮絮叨叨讲这么多，而你却愿意听我说，甚至能够理解我这番话，希望改天再来听我谈兰花，好吗？"

　　客户的兴趣是销售员成功实现销售的重要的突破口。志趣相投的人是很容易熟识并建立起融洽的关系的。如果销售员能够主动去迎合客户的兴趣，谈论一些客户喜欢的事情或人物，把客户吸引过来，当客户对你产生好感的时候，购买你的商品也就是水到渠成的事情了。

从客户感兴趣的话题入手建立关联度

　　向陌生客户电话推销产品时，如果直接说明来意，客户很可能当场拒绝。如何找一个合适的借口并顺理成章地迎合潜在客户的心理，是推销成功的关键。当我们打电话给有防范心理的陌生客户时，应该抓住潜在客户感兴趣的话题建立关联度，赢得客户的理解和尊重。

[案例一]

销售人员："先生您好，这里是国际知名IT品牌××个人终端服务中心，我们在搞一个调研活动，您可以回答两个问题吗？"

客户："您讲。"

销售人员："您使用电脑的时间长吗？"

客户："是的，用了好几年了。"

销售人员："您用的是什么电脑？"

客户："台式机和笔记本电脑都用。"

销售人员："我们的笔记本电脑最近在搞促销活动，您是否有兴趣？"

客户："您不是搞调研，而是在促销笔记本电脑吧？"

销售人员："是的，但又不完全是。"

客户："对不起，我现在的笔记本用得很好，还没有购买的必要。"

销售人员："可是这次机会很难得，您可以再考虑……"

[案例二]

销售人员："先生您好，我是国际知名IT品牌××个人终端服务中心的，您一定奇怪我是怎么知道您的电话的吧？"

客户："您有什么事情？"

销售人员："我们的数据库中有您的记录，您对电脑笔记本特别有研究，而且不是一般的研究。"

客户："您到底有什么事情？"

销售人员："这个电话就是想征求您的意见，如果对现在使用的笔记本电脑有不是特别满意的地方，就告诉我们，我们会支付您报酬，因为我们特别需要像您这样的笔记本电脑方面的专家帮助我们改进产品性能。"

客户："噢，这样呀。您是谁？"

销售人员："我是××的王丽娜，您肯定没有太多的时间来说，您可以三言两语随便说一下，我记录，然后就可以参加评比了。您如果现在没有时间，我们换一个时间也行，您看呢？"

电话销售经常需要面对陌生人，让陌生人能够继续听销售人员讲话的诀窍不是推销产品的话多么流利，也不是口气多么甜美。对于一个接到陌生的推销电话的人来说，防范以及敌意是第一位的，因此对于销售人员来说关键就是赢得信任。[案例一] 的销售员一味地按照自己的思路讲话，其实说到第二句时客户就已经知道是推销电话了，这就容易引起客户的反感，使其迅速挂断电话。[案例二] 的销售员则紧紧抓住潜在客户感兴趣的话题建立关联度，使话题向对销售人员有利的方向平滑过渡，从而赢得客户的理解和尊重。也只有这样，才可能推销成功。

放出稀缺光，直击客户担心错过的心理

"物以稀为贵，情因老更慈。"这是出自唐代著名诗人白居易的《小岁日喜谈氏外孙女孩满月》一诗中的名句，描写了一位老人初抱外孙女的喜悦之情，诗中还写到"怀中有可抱，何必是男儿"，也就是说自己在离世之前能抱上外孙，管他是男孩还是女孩，有总比没有强。而物以稀为贵也是心理学中一个非常重要的原理，即稀缺原理。

制造短缺甚至是稀缺的假象，可以极大影响他人的行为。

稀缺产生价值，这也是黄金与普通金属价格有着天壤之别的原因。当一样东西非常稀少或开始变得稀少的时候，它就会变得更有价值。简单地说就是"机会越少，价值就越高"。

从心理学的角度看，这反映了人们的一种深层的心理，因为稀缺，所以害怕失去，"可能会失去"的想法在人们的决策过程中发挥着重要的作用。经心理学家研究发现，在人们的心目中，害怕失去某种东西的想法对人们的激励作用通常比希望得到同等价值的东西的想法作用更大。这也是稀缺原理能够发挥作用的原因所在。

而在商业与销售方面，人们的这种心理表现尤为明显。例如商家总是会

隔三岔五地搞一些促销活动，打出"全场产品一律五折，仅售三天""于本店消费的前30名客户享受买一送一"等诱惑标语，其直接结果是很多消费者听到这样的消息都会争先恐后地跑去抢购。为什么？因为在消费者心中，"机不可失，失不再来"对他们的心理刺激是最大的，商家利用的就是客户的这种担心错过的心理来吸引客户前来购买和消费。

夏季过去了大半，而某商场的仓库里却还积压着大量衬衫，如此下去，该季度的销售计划将无法完成，商场甚至会出现亏损。商场经理布拉斯心急如焚，他思虑良久，终于想出了一条对策，立即拟写了一则广告，并吩咐售货员道："未经我点头认可，不管是谁都只许买一件！"

不到5分钟，便有一个顾客无奈地走进经理办公室："我想买衬衫，我家里人口很多。"

"哦，这样啊，这的确是个问题。"布拉斯眉头紧锁，沉吟半晌，过了好一会儿才像终于下定决心似的问顾客："您家里有多少人？您又准备买几件？"

"5个人，我想每人买一件。"

"那我看这样吧，我先给您3件，过两天假如公司再进货的话，您再来买另外两件，您看怎样？"

顾客不由得喜出望外，连声道谢。这位顾客刚一出门，另一位男顾客便怒气冲冲地闯进办公室大声嚷道："你们凭什么要限量出售衬衫？"

"根据市场的需求状况和我们公司的实际情况。"布拉斯毫无表情地回答着，"不过，假如您确实需要，我可以破例多给您两件。"

服装限量销售的消息不胫而走，不少人慌忙赶来抢购，以至于商场门口竟然排起了长队，要靠警察来维持秩序。傍晚，所有积压的衬衫被抢购一空，该季的销售任务超额完成。

　　物以稀为贵，东西越少越珍贵。在消费过程中，客户往往会因为商品的机会变少、数量变少，而争先恐后地去购买，害怕以后再买不到。销售员要牢牢把握客户的这一心理，适当地对客户进行一些小小的刺激，以激发客户的购买欲望，使销售目标得以实现。

　　有一个客户走了很多商店都没有买到他需要的一个配件，当他略带疲惫又满怀希望地走进一家商店询问的时候，销售员否定的回答让他失望极了。销售员看出了客户急切的购买欲望，于是对客户说："或许在仓库或者其他地方还有这种没有卖掉的零部件，我可以帮您找找。但是它的价格可能会高一些，如果找到，您会按这个价格买下来吗？"客户连忙点头答应。

　　在销售活动中，稀缺原理无处不在，关键是如何应用才会达到销售目的甚至超出销售目标。最好的销售员无疑也是最能够把握客户心理的。
　　"独家销售"——别的地方没得卖，可供选择的余地小。
　　"订购数量有限"——获得商品的机会稀缺，极有可能会买不到。
　　"仅售三天"——时间有限，一旦错过就不再有机会。
　　也就是说，销售人员设置的期限越彻底，其产品短缺的效果也就越明显，而引起的人们想要拥有的欲望也就越强烈。这在销售员进行产品销售的过程中是很有成效的。这些限制条件向客户传达的信息就是：除非现在就购买，否则要支付更多的成本，甚至根本就买不到。这无疑给客户施加了高压，使其在购买选择中被稀缺心理俘虏。

真心为客户着想，才能俘获客户的心

　　有这样一个故事，一个盲人，在夜晚走路时，手里总是提着一个明亮的灯笼，人们很好奇，就问他："你自己什么都看不见，为什么还要提着灯笼走路呢？"盲人说："我提着灯笼，为别人照亮了路，同时别人也更容易看到我，不会撞到我。这样既帮助了别人，也保护了我自己。"作为销售人员，看到这个故事，你有什么感受？

销售人员提升业绩的诀窍并不是"以营利为唯一目的"，而是"为客户着想，以共赢为目的"。

在销售过程中，很多销售人员为了获取更多的利益，总是不惜损害客户的利益。他们或者是让客户购买一些质量差且价格高的产品，或者是当商品售出后出现质量问题不负责。其实，表面上看这样或许获得了不菲的收益，但却是短期的。从长远的角度看，对销售员的发展是不利的。试想，如果客户的利益受到损害，对销售人员的信赖度就会降低。时间长了，客户就会不断流失，从而使销售人员自身利益受到巨大的损害。

因此，优秀的销售人员一定是将客户的问题当作自己的问题来解决，这样才能赢得客户的信赖。为客户着想是一个对客户投资的过程，会使销售员与客户之间的关系更加稳定牢固，使合作更加长久。

在销售中，为客户着想最重要的一点是提供能够为客户增加价值和省钱的建议。客户购买产品，最关注的是产品的价值和产品的价格。时时刻刻为客户着想，先不要考虑即将得到的利润，而是帮助客户考虑怎样才能为他省钱，帮客户省钱就等于为客户赚钱，帮助客户挑选最合适的产品，让客户以最少的投入获取最大的回报，而不是一味出售最贵的。

在美国零售业中，有一家知名度很高的商店，它就是彭奈创设的"基督教商店"。

有一次，彭奈到爱达荷州的一个分公司视察业务，他没有先去找分公司经理，而是一个人在店里"逛"了起来。

当他走到卖罐头的部门时，店员正跟一位女顾客谈生意。

"你们这里的东西似乎都比别家贵。"女顾客说。

"怎么会，我们这里的售价已是最低的。"店员说。

"你们这里的青豆罐头就比别家贵了三分钱。"

"噢，你说的是绿王牌，那是次级货，而且是最差的一种，由于品质不好，我们已经不卖了。"店员解释说。

女顾客讪讪地，有点不好意思。

店员为了卖出产品，就又推销道："吃的东西不像别的，关系一家老小的健康，您何必省那三分钱呢。这种牌子是目前最好的，一般上等人家都用它，豆子的光泽好，味道也好。"

"还有没有其他牌子的呢？"女顾客问。

"有是有，不过那都是低级品，您要是想要的话，我拿出来给您看看。"

"算了，"女顾客面有愠色，"我以后再买吧。"连挑选出的其他罐头她也不要了，掉头就走。

"这位女士请留步，"彭奈急忙说，"你不是要青豆吗？我来介绍一种又便宜又好的产品。"

女顾客愣愣地看着他。

"我是这里专门管进货的，"彭奈赶忙自我介绍，消除对方的疑虑，然后接着说，"我们这位店员刚来不久，有些货品不太熟悉，请您原谅。"

那位女士当然不好意思再走开。彭奈顺手拿过××牌青豆罐头，他指着罐头说："这种牌子是新出的，它的容量多一点，味道也不错，很适合一般家庭用。"

女顾客接了过去，彭奈又亲切地说："刚才我们店员拿出的那一种，色泽是好一点，但多半是餐馆用，因为他们不在乎贵几分钱，反正羊毛出在羊身上，家庭用就有点划不来了。"

"就是嘛，在家里用，色泽稍微差一点倒是无所谓，只要不坏就行。"

"卫生方面您大可放心，"彭奈说，"您看，上面不是有检验合格的标志吗？"

这笔小生意就这样做成了。

可见，在销售过程中，为客户着想就是为自己着想，当客户从内心感受到你是在为他服务，而不是要从他的口袋中掏钱时，他自然会愿意购买你的产品。

没有人愿意拒绝他人真诚的帮助。为客户着想是销售的最高境界，因为只有让客户自己发现你是在为他着想时，他才会愿意与你合作。所以，销售员一定要站在客户的立场考虑问题，切实做到为客户利益着想，这样，你得到的将是无数长期合作的"粉丝"客户。

第 三 篇

营销心理学

PART 01

"为什么卖不动"

选取能让消费者产生认同的市场

美国福特汽车公司是世界上最大的汽车生产厂家之一，是美国最大的工业垄断组织和世界超级跨国公司。福特公司成为全球领先的以消费者为导向的公司，始终坚持"低成本制造商品汽车"的价值创新理念，不断提升企业核心竞争力，创造了百年辉煌的业绩。最初的生产经营过程中，在选定汽车类型的过程中，公司决策人员首先考虑到的是社会上的惯例。当时，汽车业传统的做法无一例外是面向较为富有的阶层，因此，福特公司1906年推销的新型汽车也是这样一种"豪华型"产品，车体笨重，且多为定制，非一般人的财力所及。同时，他们提高了售价，最便宜的车售价为1000美元，最贵的为2000美元。这一变革带来了灾难性的后果，销售数量猛然下降，利润仅10万美元，为前一年度的1/3。

1908年初，福特制定了一个划时代的决策，公司宣布从此致力于生产标准化，只制造较低廉的单一品种，即生产统一规格，价格低廉，能为大众接受的车辆，以850美元一辆出售。由此产生了福特梦寐以求的，并能使他的公司征服市场的新产品——T型车。这是福特公司生产的世界上第一辆属于普通百姓的汽车，从此拉开了世界汽车工业革命的序幕。

T型车一投产就受到广泛的欢迎，并跃居当时各类汽车之首，这是因为农民正需要这种车，普通人又都买得起。从此，代表地位和财富象征的汽车进入"寻常百姓家"。它的机械原理极为简单，任何外行人都会很快地掌握。与当时其他类型的汽车相比，T型车具有经久耐用、构造精巧和轻盈便利的优点。这种车底盘较高，具有能穿越沙地、腐殖土和泥潭的优良性能。

T型车仅用一年时间就跃居畅销车之首，成为第一号盈利产品。这一年出售了11万辆，在销售量和利润方面都超过了其他汽车制造商。

福特公司对目标市场的错误选择，铸成营销计划失败的结果，同时也正是福特公司对目标市场选择进行了及时的修正，在市场中拯救了自己。一个企业的定位能否成功，消费者支持与否是关键。企业所确定的目标消费者是最可能对本品牌提供的好处做出肯定反应的人。如果所选择的目标市场很大，但该市场的消费者对你的品牌不感兴趣，仍然不能获得利润。

在20世纪70年代中期，德国"宝马"牌汽车在美国市场上将目标对准当时的高级轿车市场。然而，对美国市场进行深入调查后，"宝马"发现，这个细分市场对"宝马"的高超性能并无兴趣。美国市场的消费者不但不喜欢，甚至还嘲笑"宝马"，说"宝马"既没有自动窗户也没有皮座套，就像是一个大箱子。

在对消费者偏好进行深入分析与调查的基础上，"宝马"决定将目标转向收入较高、充满生气、注重驾驶感受的青年市场。青年市场的消费者更关心汽车的性能，更喜欢能够体现不同于父辈个性和价值观的汽车，"宝马"决定取得这一部分消费者的认同。"宝马"在宣传中突出该车的高超性能，果然备受好评。到1978年，该车的销售量虽未赶上"奔驰"，但已达到3万多辆，1986年，已接近10万辆。

20世纪80年代末、90年代初，美国经济开始走向萧条，原来的目标消费者已经成熟，不再需要通过购买高价产品来表现自我，加上日本高级轿车以其"物美价廉"的优势打入美国市场，"宝马"面临新的挑战。调查发现，消费者之所以喜欢"宝马"，是它给人一种与众不同的感觉，即"人"驾驭车而不是"车"驾驭人。"宝马"的驾驶带给人的是安全、自信的体验，因为他们不仅可以感觉汽车、控制汽车，还可以得到如何提高驾驶技术的反馈。于是，厂家又将目标市场对准下列三种人：相信高技术驾驶人应该驾驶好车的消费者、为了家庭和安全希望提高驾驶技术的消费者、希望以高超驾驶技术体现个人成就的消费者。在这样的定位下，1992年，尽管整个美国汽车市场陷入萧条，"宝马"的销售量却比1991年提高了27%。

宝马的成功就在于能够调查分析消费者的偏好变化，根据消费者偏好不断调整自己的目标市场，寻求消费者认同，自然能够立于不败之地。产品定位的准确是赢得市场的关键，在产品定位上，企业要了解不同消费能力的消费者所追求的消费目标，选取自己能够达到消费者认同的市场进行定位。

消费者对企业产品的认同，实际上就是对品牌的认同。因此，企业必须以品牌为依托获得消费者的支持。从某种意义上来说，企业的品牌与消费者的认同是相互推进与影响的。品牌文化要从目标市场消费群体中去寻找，要通过充分考察他们的思想心态和行为方式而获得。而反过来，消费者的认同又能够进一步提升品牌的影响力与竞争力，对品牌有认同感的消费者很容易就成为我们的忠实消费者。

企业如何取得消费者的认同，一般需要从以下几个方面努力：

（1）广泛开展体验活动。选择了消费者认同的市场之后，需要吸引消费者不断参与体验，以判断选择的目标市场是否正确，并有助于不断完善我们的营销策略。

（2）让利消费者。给予消费者更多的实惠，是取得消费者认同的一个重要法宝。让消费者能够以更合理的价格，买到物美价廉的产品，是吸引消费者认同的不二法门。

（3）加强信息交流与消费者沟通。企业要取得消费者的认同，需要加强与消费者的沟通。

了解消费者的偏好，才能投其所好

一个小伙子细心经营着一个很大的玫瑰园，他几乎倾注了所有的精力，科学地按时浇水，定期施肥。因此，玫瑰园的玫瑰长势很好，玫瑰品种齐全，五颜六色，有红、黄、绿、紫、白，煞是好看。小伙子定期到集市上去卖玫瑰，喜欢玫瑰的人都喜欢在这里买，因为他的玫瑰不仅鲜艳漂亮，而且从不漫天要价，每株玫瑰的价格在1~2元之间。

令人惊诧的是，不知什么时候，小伙子的玫瑰园里竟然长出了一些黑玫瑰。小伙子发现了这些黑玫瑰，差点慌了神，这肯定没人买，谁会要黑玫瑰呢！但是小伙子还是舍不得毁掉，想着让黑玫瑰在玫瑰园里点缀一下，也是一个特色。

后来，一位植物学家听说了小伙子的黑玫瑰，惊喜地叫起来："黑玫瑰！这是旷世稀有的品种！"植物学家为了研究黑玫瑰，保存和繁衍这个珍贵品种，愿意高价购买小伙子的黑玫瑰。植物学家出价10元/株订购小伙子的黑玫瑰，小伙子自然欣然接受，他没想到，黑玫瑰竟然给他带来了意想不到的财富，远远超过了他的预期收入。

后来，当人们知道了黑玫瑰是旷世稀品后，争相购买。小伙子种的黑玫瑰渐渐比其他玫瑰还要多，占了玫瑰园的一半。

最初小伙子认为黑玫瑰颜色不合人们的偏好，因而没有将黑玫瑰作为自己的盈利产品。但是，当植物学家发现黑玫瑰的稀有价值后，黑玫瑰的身价也随之一路飙升，人们对各色玫瑰的偏好也发生了改变。

这个故事说明，人的偏好会发生改变，同时，消费者的偏好对于市场和商品有很大的决定作用。聪明的销售员应当敏锐地捕捉到消费者的偏好变化，将最受欢迎的产品作为自己的主打，最大限度地获得利润。反过来看，黑玫瑰引发了新的流行，告诉我们，要主动引入新产品，创造消费者的偏好。

销售就是对消费者"投其所好"的过程。销售员必须知道目标消费人群的偏好，同时紧密关注他们的偏好变化。通常来说，影响人的偏好改变的因素主要有以下几项：

一、原有的偏好习惯

由于消费者行为方式的定型化，经常消费某种商品，会习惯性地采取某种消费方式，就会使消费者心理产生一种定向的结果。这在经济学上被称为"路径依赖"。

二、身体条件的变化

一个人身体条件的改变将直接影响其效用偏好结构的改变，如有的人得了肝病，则原来饮酒、吸烟的偏好将会随之改变。

三、工作环境的变化

不同的行业必然具有不同的环境和作息习惯，一个人的效用偏好结构也会随之变化，以适应新情况。如常常加夜班的白领可能会偏好咖啡、方便面，而从事较为轻松的公务员可能不会对此有偏好。

四、社会环境影响

主要指一个人所处的社会环境及社会潮流、主流文化对一个人效用偏好结构的改变所产生的作用。例如一个广州人到哈尔滨定居，其效用偏好结构肯定会发生变化。同样，由于社会潮流不断变化，即使一个人处在同一城市中，他也会为了适应形势和潮流而不断改变自己的效用偏好结构。

认识到不同消费者的偏好变化后，销售人员可以科学地指导自己的销售工作，使所售物品更好地满足消费者的偏好需求，从而赢得消费市场。

人性化产品，打造产品新竞争力

麦克的鞋店开在城中心的商业街。商业街大小商铺鳞次栉比，各类商品琳琅满目，因此顾客如织，客源不断。不过，顾客往往看得多买得少，再加上商业街店租成本不菲，麦克的经营一度非常艰难。

麦克深知，要在竞争激烈的商业街杀出重围，不花点心思很难做到。不过，既然敢在此花血本租下旺铺，麦克也有他的把握。

对消费心理学有过深入研究的麦克明白，要获得顾客的青睐，必须要赋予产品以情感。麦克认为，市场既是店铺之间交战的战场，也是与消费者进行感情交流的场所。而要战胜对手，获得消费者的青睐，必须让自己的产品与众不同。

麦克经过调查与思考，认为当今很多消费者购买鞋子已不仅仅出于防冻和护脚的需要，而更多是为了显示个性和生活水准。"价廉""质高"的老一套经营方式已不是产品畅销的唯一法宝了。所以，要促进鞋的销售，必须使鞋子像演员一样体现出不同的个性、不同的情感，以其独特鲜明的形象、独特的魅力吸引众多的"观众"。

于是，麦克决定实施一种人性化的营销模式。具体而言，麦克决定发挥自己的创意元素，打造独一无二的"情感鞋"。

麦克首先在进货时就有意挑选有特色风情的鞋，同时聘请了几个美术学院毕业的学生兼职，按照自己或顾客的创意，对简单的鞋子进行一些小的改造，对鞋子本身以及它的包装都做出个性化的"彩绘"处理，改变传统鞋类单一的设计风格，将设计风格引向多元化。而在陈列方面，麦克分化出"男人味"和"女人味""狂野"和"优雅""老练"和"青春"等不同风格的鞋子，在款式、色彩的配置等方面使鞋子的风格趋于多元化。

同时，麦克还给每双鞋取了一个独特的名字，诸如"爱情""愤怒""欢乐""眼泪"等，有名字的鞋子仿佛有生命的物体，令人耳目一新，回味无穷。这些情感的表现形态，有式样的别致性，也有色彩的和谐性；有简繁之别，也有浓淡之分。这些充满生命和情感特征的"情感鞋"，在不同消费层次中广泛宣传，迎合了不同顾客的需求。

果然，带有不同情感的"麦克"式情感鞋，在消费者当中广为流传，不少顾客都慕名来到麦克的小店，想要寻找一双属于自己的"情感鞋"。而麦克也凭着"给产品赋予感情色彩"的诀窍，为自己的小店带来了持续的销售高潮。

麦克的鞋店除了提供质优价廉的鞋子外，最大的赢处还在于对"情感"鞋的定位。每一双充满了人情味的鞋子，给顾客带来的不仅仅是防冻、护脚的体验，更重要的是让鞋子与顾客的个性融为一体，让顾客的装扮更具生命力和情感特色。

我们的产品刚投入市场时，最先靠的是产品的独特性和价格优势，随之而来的是质量的角逐。然而，随着市场竞争的激烈，为市场中同类产品趋多，产品质量相差无几时，单纯靠价格和质量已经不容易打开产品的销路，这时就要采用更高级的营销战术，通过剖析顾客的情感心理，从而达到更好的营销效果。

优秀的营销懂得超前而正确地把握消费者的心理需要，对消费者的个性化需求做出积极的响应。成功的营销不仅仅是提供实用实惠的产品，还要使自己的产品具有人情味，让每一个产品都有自己的生命，以其独特的款式、包装、色彩、名称等吸引消费者。这样可以促使消费者对产品产生喜爱之情，用购买的产品来标榜自己的独特个性。

PART 02
产品畅销中的心理学密码

7-11的店铺遍布美国、日本、中国、新加坡、中国台湾、马来西亚、菲律宾、瑞典、墨西哥、巴拿马、挪威、加拿大、澳大利亚、印尼等国家和地区，全球店面数目逾3万家，是全球最大连锁店体系。

7-11便利店，它最早的出生地不是在日本，而是在美国。它原本是一家专门销售冰块的公司，但是因为周围的居民对该公司要求越来越多，比如能买到面包、酸奶什么的，公司觉得这也不错，干脆就顺着消费者的要求做了下去。这一做不打紧，这条路线还真的选择对了，结果一不小心就成了美国便利店的原创。

1973年，日本的铃木敏文付出销售额的1%来获取了7-11的地域特许经营权。从那以后，日本7-11就像三月的樱花，随着季节的推移，逐渐地开满日本大地：1980年，开出了1000家，1984年2000家，1990年4000家，1995年6000家，1999年8000家，2001年9125家。我们可以想一想，在日本那么小的地方，一下子开出这么多的店面，这就有点像前几年三株遍布城乡的墙体广告，连上厕所都能碰到，它的势力范围简直无孔不入，无所不在。到2001年，日本7-11在全世界开出的店铺达22648家。到了现在，7-11已经成为便利店里的王者。

可以说，7-11的胜出原因就在于它与众不同的营销概念。它做了反一般常规的经营手法。它没有像其他小店一样，从生产商的角度来组织店铺，而是以顾客为中心来开店和调整商品种类。我们看不到7-11有什么特别的地方，而且价格并不便宜，甚至还可以说比其他小店贵得多。但是因为它在为消费者提供便利这方面做得非常之好，所以每日客源不断，深受顾客的青睐与好评，并在广大民众中结下了良好的口碑。

便利店能否生存的第一条件就是方便性，可以说这是一个便利店充满生命力的原因所在。每日24小时通宵营业即为便利店的主打。随着人们生活的不断需要，便利店的服务范围也在不断扩大，现在的日本便利店集日杂百货、代收水电费、邮递等业务于一体。甚至不久的将来，在日本便利店买汽车也不会令人惊奇。

7-11在店址的选择上，最根本的出发点就是便捷，即在消费者日常生活行动范围内开设店铺，如距离生活区较近的地方、上班或上学的途中、停车场、办公室或学校附近等。任何地方都有位置优劣之分，7-11要让店铺在最优位置生根。如有红绿灯的地方，越过红绿灯的位置最佳，它便于顾客进入；有车站的地方，车站下方的位置最好，来往顾客购物方便；有斜坡的地方，坡上比坡下好，因为坡下行人较快，不易引起注意。7-11还尽量避免在道路狭窄处、小停车场、人口稀少处及建筑物狭长等地建店。

我们会发现，很多上班族也许并不喜欢7-11里的便饭，但是当他们发现周围并没有合适的卖饭的地方，他们就会选择就近将就。并且7-11的卫生条件也让很多白领一族十分放心。

7-11推行的是24小时营业制度，因为根据店铺地点的不同，每家店铺的

黄金营业时间也不同。比如靠近公司周边的7-11，每天早晨和中午是一天的黄金时段。在此期间会有大量的白领到7-11来买便当和饮料。靠近居民区的7-11，夜间往往是黄金时段，因为很多大城市加班的白领都是在回家途中的便利店购买食物。7-11充分发挥了人无我有，人有我全的原则，一切以顾客的需求为中心，处处从消费者群体的购物习惯和消费嗜好出发，考虑到顾客站着购物不易看到下层商品的实际，将货架下层摆放醒目让顾客一目了然。根据单身一族的生活习惯，7-11贴心地推出了饭团、各种便当、各种生活用品等适销对路商品。将便利店完全融入顾客的"生活情景"中，让货柜上的商品自然地向顾客"招手"。

从7-11的这个成功的案例中我们可以发现，在小店的经营理念中，价格便宜固然重要，但是方便顾客更为重要。如何把顾客的需要自动送入他的视线之中，为他们提供最大限度的便利，才是店主们最需要重视的问题。

设计产品时："要相信客户都是懒人"

马云是阿里巴巴网站的董事局主席兼首席执行官，他用7年时间缔造了全国最大的点子商务帝国——阿里巴巴，创造了中国式的"阿里巴巴芝麻开门"的成功神话。

马云收购雅虎后，雅虎的一些员工一时还没有改变原有的工作方式，在这种情况下，马云讲了他的"懒人理论"，目的是委婉地告诉雅虎员工在阿里巴巴工作，需要改变方法，阿里巴巴的理念是"要相信客户都是懒人"，所以需要处处为客户着想，客户懒得做什么，阿里巴巴就要做什么。

"世界上很多非常聪明并且受过高等教育的人无法成功，就是因为他们从小就受到了错误的教育，他们养成了勤劳的恶习。很多人都记得爱迪生说的那句话：天才就是99%的汗水加上1%的灵感，并且被这句话误导了一生——勤勤恳恳地奋斗，最终却碌碌无为。其实爱迪生是因为懒得想他成功的真正原因，才编了这句话来误导我们。

"很多人可能认为我是在胡说八道，好，让我用100个例子来证实你们的错误吧！事实胜于雄辩。"

"世界上最富有的人比尔·盖茨，懒得读书，就退学了。他又懒得记那些复杂的DOS命令，于是，就编了个图形的界面程序，叫什么来着？我忘了，懒得记这些东西。于是，全世界的电脑都长着相同的'脸'，而他也成了世界首富。

……

"我以上所举的例子，只是想说明一个问题，这个世界实际上是靠懒人来支撑的。世界如此精彩都是拜懒人所赐。现在你应该知道你不成功的主要原因了吧？

"懒不是傻懒，如果你想少干，就要想出懒的方法。要懒出风格，懒出境界。像我从小就懒，连长肉都懒得长，这就是境界。"

在阿里巴巴有一个有趣的现象，马云身为互联网公司的CEO，却对互联网十足外行，甚至马云自己都说，只会收发邮件。

马云说："计算机我到现在为止只会做两件事，收发电子邮件还有浏览，其他没有了，我真不懂，我连在网上看VCD也不会，电脑打开我就特别烦，拷贝也不会弄，我就告诉我们的工程师，你们是为我服务的，技术是为人服务的，人不能为技术服务，再好的技术如果不管用，瞎掰，扔了，所以我们的网站为什么那么受欢迎，那么受普通企业家的欢迎，原因是，我大概做了一年的质量管理员，就是他们写的任何程序我要试试看，如果我发现不会用，赶紧扔了，我说80%的人跟我一样蠢，不会用的。"

可以说，马云的"懒人理论"颠覆了我们以往的所有惯性思维，跳出固有观点的圈子，一针见血地指明了通往成功的出路——阿里巴巴的平民化，马云要求阿里巴巴要以客户的要求为导向，不能把网络做得太复杂，要通俗易懂，方便操作，最好是让"菜鸟"都能玩转阿里巴巴，这是马云所希望看到的。

所以，阿里巴巴每做一个新程序，都要给马云亲自体验一番，员工们戏称为"马云测试"，就像白居易诗成后每每读给老妪听，若老妪不解，便再加修改一样，做到"老少咸宜，男女通杀"。

马云告诉阿里巴巴的程序员："我不想看说明书，也不希望你告诉我该怎么用。我只要点击，打开浏览器，看到需要的东西，我就点。如果做不到这一点，那你就有麻烦了。即使在后来，使用淘宝和支付宝这些网站时，我也是个测试者。我和淘宝的总经理打赌，随便在路上找10个人做测试，如果有任何顾客说，他对使用网站有问题，那么你就会被惩罚，如果大家都能使用，完全没有问题，那么你就有奖励。所以这个测试是确保每一个普通人都能使用网站，不会有任何问题，只要进入，然后点击就行了。因为我说的话代表世界上80%不懂技术的人。他们做完测试，我就进去用，我不想看说明书，如果我不会用就扔掉。"

这样一来，大大简化了阿里巴巴网站中各种功能的使用方法，包括后来的淘宝、支付宝。

马云认为多数客户都是跟他一样的电脑"菜鸟"，他选择站在客户的角度思索客户的心理，这一点使他大获成功。

捆绑销售，顾客和商家皆大欢喜

美国的约翰逊黑人化妆品公司总经理约翰逊是一个知度度很高的企业家。可是，当初他创业时，也曾为产品的销售伤透了脑筋。

那时，约翰逊经营着一个很小的黑人化妆品公司，因为黑人化妆品市场的总体销售份额并不大，而且，当时美国有一家最大的黑人化妆品制造商佛雷公司，几乎垄断了整个市场。

经过很长时间的考虑，约翰逊提出了一句措辞非常巧妙的广告语："当你用过佛雷公司的化妆品后，再擦一次约翰逊的粉质膏，将会得到意想不到的效果。"

约翰逊的这一招的确高明，不仅没有引起佛雷公司的戒备，而且使消费者很自然地接受了他的产品，达到了事半功倍的效果。因为他当时主推的只有一种产品，凡是用佛雷公司化妆品的黑人，大都不会在乎再增加一种对自己确实有好处的化妆品的。

随着粉质化妆膏销量的大幅度上升，约翰逊抓住了这一有利时机迅速扩大市场占有率。为了强化约翰逊化妆品在黑人化妆品市场上的地位，他同时还加速了产品开发，连续推出了能够改善黑人头发干燥、缺乏亮度的"黑发润丝精""卷发喷雾剂"等一系列产品。经过几年的努力，约翰逊系列化妆品占领了绝大部分美国黑人化妆品市场。

不知从什么年月起，捆绑销售已悄悄地侵入我们的生活，而且蔚然成风，有愈演愈烈之势。大至买楼房送车位、买大件家电送电饭锅，小至买手机送话费，买酸奶"二送一"，甚至买支牙膏也送个钥匙圈。问商家不要赠品能否减些价？商家回答：不要可以，但不减价。

那么，什么才是捆绑销售呢？捆绑销售也被称为附带条件销售，即一个销售商要求消费者在购买其产品或者服务同时也得购买其另一种产品或者服务，并且把消费者购买其第二种产品或者服务作为其可以购买第一种产品或者服务的条件。捆绑销售通过两个或两个以上的品牌或公司在销售过程中进行合作，从而扩大它们的影响力，可以说是共生营销的一种形式，开始被越来越多的企业重视和运用。

捆绑销售方式给商家带来了好处的同时，也给消费者"更实惠"的心理满足，从而促使一些精打细算的消费者产生购买冲动。

"全球通"在广州市区推出了"免费频道"服务，由移动公司提供网络支持，由广告公司、商家和移动电话客户共同参与，共同受益。具体内容是：移动用户需在自己的手机上拨打"免费频道"号码，仔细听完系统播放的信息（广告），回答相关简单的问题，就可获一定数额的话费。

真可谓超级整合，超级捆绑。消费者由被动变主动，在"话费"的"驱使"下，热情空前高涨。为回答商家的问题，对广告自然认真收听，效果不同凡响。利用电信这条超级绳索，把商家和消费者紧紧地"绑"在了一起。

如何少花钱、多办事，为商家节省资金、降低成本、提高竞争力，是我们共同关心的话题。但不要走向另一个极端，为了省钱，什么都"绑"。搞得风马牛不相及，甚至引起消费者的反感。

PART 03
定价定天下——让顾客感觉物超所值

洞悉消费者心理，进行心理定价

　　心理学家的研究表明，价格尾数的微小差别，能够明显影响消费者的购买行为。一般认为，5元以下的商品，末位数为9最受欢迎；5元以上的商品，末位数为95效果最佳；百元以上的商品，末位数为98、99最为畅销。尾数定价法会给消费者一种经过精确计算的、最低价格的心理感觉；有时也可以给消费者一种是原价打了折扣，商品便宜的感觉；同时，顾客在等候找零期间，也可能会发现和选购其他商品。

　　如某品牌的54cm彩电标价998元，给人以便宜的感觉。认为只要几百元就能买一台彩电，其实它比1000元只少了2元。尾数定价策略还给人一种定价精确、值得信赖的感觉。

　　尾数定价法在欧美及我国常以奇数为尾数，如0.99、9.95等，这主要是因为消费者对奇数有好感，容易产生一种价格低廉、价格向下的概念。但由于8与"发"谐音，在定价中8的采用率也较高。

　　尾数定价法是心理定价中应用较为广泛的一种。它采用零头标价，将价格定在整数水平以下，使价格保留在较低一级档次上，一方面给人以便宜感，另一方面因标价精确给人以信赖感。对于需求弹性较强的商品，尾数定价往往能带来需求量大幅度的增加。不过，针对需求弹性弱的产品，我们还有以下几种心理定价方式：

（1）整数价格策略。对于价格较高的商品，如高档商品、耐用品或礼品等可以采取整数价格策略。企业为了迎合消费者"价高质优"的心理，给商品制定一种整数价格。当消费者得不到关于商品质量的其他资料时，为了购买高质量的商品，常常有"高级店，高级货""高价钱，是好货"的心理，以价格高低来辨认商品质量的优劣。

（2）声望定价。声望定价指针对消费者"一分钱一分货"的心理，对在消费者心目中享有声望、具有信誉的产品制定较高价格。价格高低时常被当作商品质量最直观的反映，特别是在消费者识别名优产品时，这种意识尤为强烈。这种定价技巧不仅在零售商业中广泛应用，在饮食、服务、修理、科技、医疗、文化教育等行业也运用广泛。

（3）招徕价格策略。为了迎合消费者求廉心理，暂时将少数几种商品减价来吸引顾客，以招徕生意的策略叫招徕价格策略。其目的是把顾客吸引到商场中来，在购买这些低价产品时也购买其他商品。

（4）习惯价格策略。习惯价格是指那些已家喻户晓、习以为常，个别生产者难以改变的价格。即使生产成本提高很大，再按原价出售变得无利可图时，企业也不能提价，否则会引起顾客的不满，只能采取降低质量、减少分量的办法进行调整；还可以推出新的花色品种，改进装潢以求改变价格。

消费者心理永远是营销者研究的课题。实际上，无论采用哪一种定价方式，我们首先要做到的就是对消费者心理的透彻了解。

以消费者需求为导向进行价值定价

一般来说，消费者在购买商品时，对商品的质量、性能、用途及价格会有自己一定的认识和基本的价值判断，也就是说，消费者会自己估算以一定价格购买某某商品是否值得。因此，我们在定价时，当商品价格与消费者对其价值的理解和认识水平相同时，就会被消费者所接受；反之，则消费者难以接受或不接受。

以价值为基础的定价方法因此应运而生。营销者以消费者对商品的理解和认识程度为依据制定商品价格，就是以价值为基础的定价，也称需求导向定价法。这种方法的思路是：企业定价的关键不在于卖方的生产成本，而在于买方对商品价格的理解水平。

美国吉列刮胡刀片公司创立之初只是一家默默无闻的小公司。而现在，吉列公司已经发展成为一家全球闻名的大公司。吉列刮胡刀片畅销全球，只要有人的地方，几乎就有吉列刮胡刀片。

1860年以前，只有少数贵族才有时间与金钱来修整他们的脸，他们可以请一个理发师来替他们刮胡子。欧洲商业复兴之后，很多人开始注意修饰自己的仪容，但他们不愿使用剃刀，因为当时的剃刀笨重而且危险，而他们又不愿花太多的钱请一个理发师来替他们整修脸部。19世纪后半期，许多发明家都争先恐后地推出自己发明和制造的"自己来"刮胡刀片，然而，这些新刮胡刀片价格太高，很难卖出去。一把最便宜的安全刮胡刀需要5块钱，相当于当时一个工人5天的工资。而到理发师那里刮一次胡子只不过花10分钱而已。

　　吉列刮胡刀片是一种舒适安全的刮胡刀片，但仅仅用"舒适安全"来形容的话，吉列刮胡刀并没有任何比其他品牌更高明的地方，何况其成本比其他品牌都要高。但吉列公司并不是"卖"它的刮胡刀，而是"送"它的刮胡刀。吉列公司把价格定在55分钱，这还不到它制造成本的1/5。但吉列公司将整个刀座设计成一种特殊的形式，只有它的刮胡刀片才能适合这种特殊的刀座。每只刀片的制造成本只需1分钱，而它却卖5分钱。不过消费者考虑的是：上一次理发店刮胡子是10分钱，而一个5分钱的刀片大概可以用6次左右。也就是说，用自己的刮胡刀片刮一次胡子的费用还不到1分钱，只相当于1/10的理发师费用，算起来依然是划算的。

　　吉列公司不以制造成本加利润来定刮胡刀座的价格，而是以顾客心理来定刮胡刀座的价格。结果，顾客付给吉列公司的钱可能要比他们买其他公司制造的刮胡刀更多。吉列通过这样"此消彼长"的方式使消费者购买到其心目中产品的价值，自然大获全胜。应当注意的是，这种"此消彼长"策略根据顾客的需要和价值及实际利益来销售产品，而不是根据生产者自己的决定与利益。简而言之，吉列的"此消彼长"代表了对顾客原有价值观的改变，而非厂商成本价格的改变。

　　这一策略一般用于互补产品（需要配套使用的产品），企业可利用价格对互补产品消费需求的调节功能来全面扩展销量。有意地廉价出售互补产品中处于不好销售的一种，再提高与其配套的另一种互补产品的价格，以此取得各种产品销量的全面增长。

一分钱的折扣也能吸引最忠诚的顾客

金老板的T超市刚刚开业的时候，整条街道就这一家超市，所以附近小区的居民和路过的路人都选择来这家超市购物。金老板店里的服务和商品价格都还可以，所以，自开业一直到不久前，生意一直不错。可是不久之后，同一条街道上又多了一家超市N。奇怪的是，自从超市N开业以来，金老板发现前来自己超市购物的顾客不断地减少了，甚至许多本来是自己超市的老顾客，却出现在了超市N的门口。金老板决定去T超市一探究竟。

金老板曾经怀疑是新开的超市比自己的超市服务或者促销做得好，也想过是不是N超市的商品比自己店里的更特别一些。于是，带着这些问题，某天傍晚，他亲自走进超市N，扮成顾客，想要去一探究竟。

金老板拿起购物筐，先去走货最快的日常家用品货架看看。走到家用品的货架前，他只看货架摆设，没有发现有什么差距，再大体看了一下商品种类，也是差不多的那几个牌子。纳闷之余，金老板低下头看超市N的价签。一下子，他便全明白了。

原来，这家"对手"超市的许多护肤品都比超市T便宜。但是，其实没有便宜多少：金老板店里卖30元的洗发水，超市N卖29元；金老板卖20元的洗衣粉，超市N就卖19.8元。金老板又迅速查看了其他商品的货架。发现超市N的大多数商品都比自己商品便宜1块钱左右。他怎么也想不到，仅仅不到1元钱的差距，"对手"超市就取胜了。

金老板或许并不是那么清楚，自己的超市输了，是输在那区区一块钱的定价方式上。营销学者曾经做过调查，对于顾客来说，同样的商品，如果标价20元，客人的心里感觉是"这件东西要20多块钱"。而如果标价是19.8元，客人的心里感觉是"这件东西才不到20块钱"。所以，虽然只有不到

1元钱的差距，但对于顾客来说，就会感觉在定价为19元的超市购物就得了很大的便宜。

一点小小的定价差别，所造成的顾客反应却大不一样。因此，我们在为自己的商品定价时，必须充分了解顾客的心理与定价的技巧，当然，还有金老板的教训——要了解竞争对手的定价。

定价的技巧有很多，一般来说，有以下一些方式可以参考：

（1）特价标注。许多超市的店门口经常会有"开业特价""店庆特价""限时特价"，并张贴一些有代表性的特价商品，这就是一种特价定价法。顾客一看到某种常见的商品这家超市比别家超市便宜，在利益驱动下就会走入这家超市。所以，这种特价定价法，有利于吸引客人前来消费，也对其他商品的销售有拉动作用。

（2）折扣定价法。许多超市对于销售的商品根据顾客购买的商品数量的多少，给予顾客不同的价格折扣。如一家超市曾经对自己超市内的酸奶实行这样的折扣策略，当顾客只买一瓶酸奶时，酸奶为8元/瓶，如果买两瓶或者更多，那么第二瓶和以后的都为5元/瓶。这种定价方法，就会吸引顾客购买多于一瓶的酸奶，从而拉动超市这种商品的销售。

（3）吉祥数字定价法。中国人做什么事都讲究吉祥和运气，所以超市可以利用这一心理进行定价。比如在定价中选择带"8"的数字，表示"发财"，"6"则表示"顺利"，"9"表示"永久"等。用这样的吉祥数字可以吸引图吉利的顾客前来超市购买这类定价的商品。如某超市在中秋佳节的时候，就有月饼红酒大礼盒，标价666元，购买的人络绎不绝。

低价，但不让顾客觉得掉价

　　1981年李嘉诚的和记黄埔收购了屈臣氏，让风雨飘摇中的屈臣氏浴火重生。到现在，屈臣氏已经跃上了中国零售业数一数二的位置，甚至超过了沃尔玛、家乐福、国美和苏宁。

　　而众所周知的是，屈臣氏不过是100多平方米的小店铺，而它的利润为什么会这么大呢？李嘉诚做零售，有很多东西是非常值得我们借鉴的。

　　我们都知道，零售业要盈利，就要大量"走货"。沃尔玛的座右铭是："你怎样卖得更多？"然而，在很多时候"最走货"也意味着"最低档"，顾客在大量购买的时候，会连自己都有点抬不起头来。

　　但是，屈臣氏的商品在低价与档次方面并不矛盾。比如，一些洗面奶及个人护理用品价格很便宜，可是大部分去屈臣氏购物的消费者并不觉得身份掉价。即使不是节假日，那些时尚的年轻白领们依然把屈臣氏当成了自己购物的栖息地。她们常年喜欢逛屈臣氏的原因就在于：屈臣氏不仅货真价实，而且丝毫不觉得掉价。

　　低价与档次，向来都是十分矛盾的，屈臣氏却非常巧妙地把这个问题处理得天衣无缝。屈臣氏将顾客定位为18岁至40岁的女性，特别是18岁至35岁的时尚女性。对于这些月收入比较高的顾客，屈臣氏并没有在高举高打中令其就范。因为屈臣氏很明白，在实质上，地球人都喜欢低价。于是屈臣氏主动降低了门槛，一方面获得了足够的客源，另一方面以各种捆绑销售鼓励她们在购买时多多益善，并让她们在得到实惠的时候愿意维持终生购买。

　　"我敢保证我低价"的标语就悬挂在屈臣氏的店铺里，这一直白的诉求具有巨大的穿透力，平均每周大约可以吸引150万顾客前来消费。

　　可奇怪的是，为什么其他地方低价消费者会觉得掉价，而屈臣氏不会呢？原因就在于，屈臣氏的价格低，但是档次并不低。它的价实，货也真。它的"货真"到什么程度？2005年，屈臣氏斥资55亿港币收购了法国最大的香水零售商Marionnaud，使得它的一系列大手笔并购达到了顶峰。正是依靠连续不断的收购，屈臣氏的产品组合与世界一流产品实现了零距离。

　　很多店主都坚持一分价格一分货的原则，认为出钱少就只能买低等货，出钱多才能买到上档次的东西。但事实上，几乎所有的消费者都有一个共同的心理，那就是：用最少的钱买到最好的货。大多数消费者都很在乎别人怎么看自己，所以除了穷到实在没有办法的时候，他们还是愿意买上点档次的商品，穿着用着也觉得有面子。如果价格低意味着掉价的话，他们要么出于面子不好意思买，即使买了心里也不会觉得舒服。

　　因此，我们在定价的时候，一定要特别注意把握消费者的心理，在无形中贴近消费者敏感的内心，将他们最需要的东西展现在他们的眼前。既要让消费者很明显地感觉得到了实惠，还要顾及他们的面子，通过各种方式售出既低价又有档次的商品。

第 四 篇

谈判心理学

PART 01
备战：在开始阶段取得优势

要事先熟悉产品信息

一个对自己准备销售的产品都不了解的人，怎么期望他能够说服客户购买呢？

许多人都抱怨过这样一件小事：比如你去超市购物，想买的商品不知道具体放在什么地方。于是，我们都会选择询问身边的导购人员，但满心的期望最后多半以失望告终。导购人员只知耕耘自己面前的一亩三分地，对整个超市商品信息的不熟悉导致客户产生负面情绪。

无论是商场超市的导购，还是公司的销售代表、谈判专家，对自己公司产品信息的掌握是一个必备的基本素质。

那么对产品信息的了解，究竟包括哪几方面呢？

营销人员应该尽可能多地了解产品，掌握产品各方面的知识，主要有以下几项：

产品的主要性能（包括主要的量化指标）；

价格（还应掌握价格与成本的关系）；

库存情况（这一点至关重要，牵涉到能否保证向客户供货的问题）；

服务的主要内容（包括方式、种类、范围、程度等）；

必须注意的事项（如产品的安全事项、使用事项等）；

竞争对手的产品优劣（因为在说服客户时可以据理力争）。

　　相关的产品知识，是营销人员必须掌握的基础知识之一。一位营销专家说过："没有什么比从一个毫无产品知识的营销员那里买东西更令人失望了。"

　　优秀的公司都注重提高营销人员的产品知识水平，而且采用了灵活多样的方式。

　　戴尔先生是一家酒店的经理，他喜欢在日常工作中检验员工对产品的认识和了解程度。例如，戴尔先生走进休息室，会问大家：

　　"我们很快就要举行一次情人节的促销活动，你们能告诉我有些什么项目吗？你们对预定的折扣率有什么看法？"

　　需要说明的是，休息室内不但有专门的营销人员，还有其他人员，例如办公室人员和勤杂人员。在戴尔先生看来，每一个在酒店工作的人都应该掌握这一知识。当情人节的促销活动举办时，如果有一位顾客走到酒店门口，向正在擦拭玻璃的清洁员询问有关促销活动的问题时，清洁员必须对答如流，而绝对不能一问三不知。

　　与戴尔做法接近的还有迪士尼乐园。迪士尼乐园为了能更好地服务游客，对每一个员工都要进行严格的培训，哪怕他只是一个假期打工的学生。从拖地到拍照，以及学习照相机的技能与熟悉地理环境，迪士尼的每一位员工都必须做到熟练掌握，以备游客的"突然询问"。

　　熟悉产品信息不仅是对营销、销售人员能力的基本要求，也是客户的需求体现。

　　虽然不断增加的产品功能和不断细分的市场有助于满足客户全方位、深层次的需求，但是面对越来越多的同类商品，客户在需求被满足之前恐怕首先面对的是迷惑和困

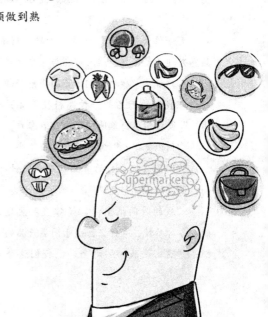

扰，也就是来自对产品各种情况的不了解。

任何一位客户在购买某一产品之前都希望自己掌握尽可能多的相关信息，因为掌握的信息越充分、越真实，客户就越可能购买到更适合自己的产品，而且他们在购买过程中也就更有信心，尤其是一些高档的产品，比如电脑、家电等。可是，很多时候客户都不可能了解太多的产品信息，这就为客户的购买造成了许多不便和担忧。比如不了解产品的用法，不知道某些功能的实际用途，不了解不同品牌和规格的产品之间的具体差异，等等。对产品的了解程度越低，客户购买产品的决心也就越小，即使他们在一时的感情冲动之下购买了该产品，也可能会在购买之后后悔。

其实，很多人都有过这样的体验，到电子商城去买一些电子产品时，同一种产品总会有至少三种不同品牌的产品，价格不一样，商家着重宣传的功能和优势等也不尽相同。面对这种情况，客户自然不会轻易决定购买哪种产品。此时，哪种品牌的销售人员对产品的相关知识了解得越多，表现得越专业，往往越能引起客户的注意，而最终，这类销售人员通常都会用自己丰富的专业知识和高超的销售技能与顾客达成交易。

一句话，成功的沟通不能忽略这一重要细节，平时就应该多用心学习产品的各种功能，做到对产品信息熟悉得如同自己的身体一样。特别是我们需要重点掌握自己产品的使用方法、优势，以及其他同类产品的特点。

有一位女推销员，她费尽心思，好不容易电话预约到一位对她推销的产品感兴趣的大客户，然而却在与客户面对面交谈时遭遇难堪。

客户说："我对你们的产品很感兴趣，能详细介绍一下吗？"

"我们的产品是一种高科技产品，非常适合你们这样的生产型企业使用。"女推销员简单地回答，看着客户。

"何以见得？"客户催促她说下去。

"因为我们公司的产品就是专门针对你们这些大型生产企业设计的。"女推销员的话犹如没说。

"我的时间很宝贵，请你直入主题，告诉我你们产品的详细规格、性能、各种参数、有什么区别于同类产品的优点，好吗？"客户显得很不耐烦。

"这……我……那个……我们这个产品吧……"女推销员变得语无伦

次，很明显，她并没有准备好这次面谈，对这个产品也非常生疏。

"对不起，我想你还是把自己的产品了解清楚了再向我推销吧。再见！"客户拂袖而去，一单生意就这样化为泡影。

百问不倒是一种严格、缜密的基本功，依靠的是严谨，甚至是机械的强化训练，是通过对客户可能问到的各种问题的周到准备，从而让客户心悦诚服的一种实战技巧。女推销员没有对产品倾注自己的热情，于是造成不了解产品而一问三不知的状况，自然无法在客户心中建立信任。

善用"空间战"，占领"我的地盘"

回想一下，每一次单位组织开大会，同事之间的座次是否有一定的规律？就拿你自己来说吧，你是不是总会不自觉地与一些人坐在一起，而同样不自觉地远离某些人？而其他同事也同样，总会和固定的一些人坐在一起？

一、缩短空间距离，拉近彼此的心理距离

人的心理距离会通过空间距离表现出来，而空间距离会影响人的心理距离。

那些走在一起、坐在一起的人，一定是非常熟悉或较为亲密的人。他们或许是在部门里朝夕相处并建立了良好关系的同事，也可能是在开会或公司其他活动中，偶然坐在一起并互生好感的其他人。而人们下意识远离的人，要么是职位相差很远；要么是彼此接触很少，感到陌生；或者是彼此不欣赏甚至不喜欢。

销售也是同样的道理，如果要得到客户的信任，在空间上做一些改变，会产生意想不到的效果。销售员在推销产品的过程中，更换位置也是出于同样的道理。

当销售员与消费者面对面而坐，消费者面对产品举棋不定，这时，如果销售员以更好地展示产品为借口，移到消费者身边与他（她）并肩而坐，以非常靠近的方式来说服他（她），消费者就很可能答应买下产品。

看来，要想消除对方的警戒心，缩小彼此的心理距离并不难，只要你善于利用"接近的功效"。找个理由靠近对方，与他（她）肩并肩地坐着，你

会发现，事情就在突然之间有了转机。

二、控制对方空间，依靠"我的地盘"获取心理优势

在某种程度上，地位高的人可以侵犯地位低的人的隐私和个人空间。例如，老板可以旁若无人地到部门经理的办公室、部长可以不敲门就进入科长的办公室、父母可以不经过同意直接进入孩子的房间……为什么会这样？

在心理学的解释中，这属于"空间侵犯权"，也就是说一个人的地位越高，能够占有的空间就越广阔。相反，地位越低，拥有的空间就越有限。这就是经理可以有独立办公室，员工却只能挤在一个办公室里，大家共享一个空间的原因。

在销售的大型商务谈判中，能不能控制对方的空间与能不能占到优势紧密相连。比如，谈判是和对方面对面坐着交谈，想要摆出强硬有力的姿态的最好方式，是不露痕迹地把自己的水杯及记事本等个人用品往前放，这就起到了侵犯对方空间的作用。而把自己的笔和资料等物品"咚"的一声放到桌子上，一下占去大半张桌子的情况则被称为"做标记"，其隐含的意思是"这是我的空间"。这会给对方造成无形的压力。

另一种情况是在站立时，站立也需要抢占空间。初次与客户见面一般会先站着寒暄一下。当彼此不熟悉的时候，相距的间隔大概为60～80厘米，而在这段距离产生的同时，心理的较量也已经开始。从心理学的角度来看，当两个人面对面站着时，右脚迈出一步，以一种要包围对方左侧的姿势靠近对方，会在心理上处于优势地位。

当然，在销售谈判中，"我的地盘"在人们的心里同样起着不容小觑的作用。进行商业谈判时，你应该尽量让对方来你的公司或者选择自己熟悉的场所。特别是第一次见面的时候，因为自己熟悉的空间此时就变成了"优势空间"，在熟悉的环境中，就不会产生不必要的紧张，并且能给对方施加心理上的压力。就如同体育比赛中"主场"和"客场"的概念，经调查分析，任何球队在主场获胜的概率都远大于在客场。

田纳西大学的心理学家萨德斯·特劳姆和卡洛伊曾经做过一个实验，实验的内容是让大学生们讨论问题，实验地点在大学生的宿舍。实验过程分为"在自己的宿舍讨论"和"打扰别人，在别人的宿舍讨论"两种情况。实验中，用秒表悄悄记录了在自己的宿舍发言的人的发言量以及以"客人"的身份去别人的宿舍发言的人的发言量。结果表明，在自己宿舍里讨论的大学生能够自由发言，与此相对，作为客人时却发言不多。而且，当讨论过程汇总出现两个人意见不一致的时候，往往是在自己宿舍的人的发言占绝对的优势。

这个实验清楚地表明了空间对心理的影响，也就是说"在自己的领地进行谈判，必然能获得心理上的优势"。

在销售谈判中经常会有招待客户的情况，这时选择自己常去的饭店已经是大家共有的常识。因为你熟悉的饭店就好像是你的领地，能够让你获取心理上的"主场"优势。而如果是接受对方的招待，若有条件，可以事先去招待场所看一下，熟悉招待场所的基本信息，这样有助于心理压力的减轻。

三款经典开场白，消除客户拒绝你的机会

你有没有经历过和自己并不是很熟悉的人面对面而坐但却没话说，冷场的结果是大家都感到很不舒服。如果换成谈判，如果在谈判过程中没有一个融洽的气氛，那么成功的概率就会减少很多。

谈判中，开场白是一个入口，一个好的开场白，对每个推销员来说无疑是推销成功的敲门砖。因此，在与客户面谈时，不应只是简单地向客户介绍产品，更要注意拉近双方的距离，与客户建立良好的关系。找到最合适的入

口，让客户无法拒绝你。

一、温馨话题法

任何谈判都是在一定的氛围中进行的，谈判氛围的形成与变化将直接影响到整个谈判的结局。特别是开局阶段，有什么样的谈判氛围，就会产生什么样的谈判结果，所以无论是竞争性较强的谈判，还是合作性较强的谈判，成功的谈判者都很重视在谈判的开局阶段营造一个有利于自己的谈判氛围。

心理学研究发现，人的心理受周围气氛影响，如果一开始的话题就给人以温馨的感觉，那么这种感觉会持久地感染到对方，谈判就会更加容易进行。尤其是谈判开始瞬间的影响最为强烈，它奠定了整个谈判的基础。所以，在商业谈判之前，先和对方聊点温馨的闲话，如："说起来，前几天有这么一件事……""我儿子啊，前几天捡回来一只被人遗弃的小狗，本来我想把它扔掉，结果，我现在比儿子还喜欢它呢……"

这种能让对方感到亲切的话题，很容易让当天的谈判顺利进行。为了达到这个目的，平时就应该准备一两个温馨的话题。

二、轻松自嘲法

幽默一直被人们称为只有聪明人才能驾驭的语言艺术，而自嘲又被称为幽默的最高境界。由此可见，能自嘲的人必须是智者中的智者、高手中的高手。自嘲是缺乏自信者不敢使用的技术，因为它要你自己骂自己。也就是要拿自身的失误、不足甚至生理缺陷来"开涮"，对丑处、羞处不予遮掩、躲避，反而把它放大、夸张、剖析，然后巧妙地引申发挥、自圆其说，取得一笑。没有豁达、乐观、超脱、调侃的心态和胸怀是无法做到的。这也从侧面体现了一个人的素质修养，并且自嘲谁也不伤害，最为安全。

在所有工作中，销售是最容易碰壁和遭受尴尬的。我们可以用自嘲来活跃谈话气氛，消除紧张；在尴尬的时候，也可以用自嘲来找台阶下，保

住面子和尊严；有时候在谈判时我们很可能会因为激动而措辞生硬，使对方不悦，这时候，如果能赶紧刹住话匣子："对不起，我这个人容易激动，刚才真成了一只斗鸡了。"对方定会付之一笑，不予计较。总之，适时适度地自我嘲笑，不仅能让不友善的气氛变得友善，还能让他人在尽可能短的时间内接纳你。

三、激起兴趣法

客户对产品产生兴趣是谈判成功的基础，所以设法激起顾客的兴趣最为重要，也是开场白中运用得最多的一种方法。每个人都喜欢谈自己感兴趣的话题，如果你所说的话能引起客户的兴趣，客户就会继续谈下去。

控制对方的时间，传达"我很重要"

在销售中，一定是销售员被客户牵着鼻子走吗？对客户唯命是从就是对客户真正的尊重吗？

在大型销售谈判过程中，"争夺时间"是一项有效的心理战术。

在销售的谈判阶段，争夺时间就是通过一些小的手段占据对方时间的一种行为。运用心理学的原理，当占据了对方一定的时间，就表明你具有随心所欲操纵对方时间的能力。因此，当销售人员准备与客户见面时，应该尽可能地根据自己的情况决定见面的时间，尤其是大型的商务谈判，切不可说"根据您的时间定吧"。

销售是一场博弈，胜在心理战术。如果对方提出要在星期几或是哪天见面的话，而你一定要做敲定具体时间的人。也就是说不能让对方从头到尾掌握控制权，这才能防止在见面时被对方的气势压倒。

在大型的销售谈判中，气势是最重要的，它决定着成交是否成功，决定着获得更高的价格优势等。如果可能的话，你要扮演掌控对方时间的角色。这样从一见面，你就把对方放在了一个比你低的位置上。最简单的方法就是让对方等你，这也就是占据了对方的时间。

加利福尼亚州立大学的心理学家罗伯特·莱宾教授指出：让对方等待时间的长短，取决于这个人的重要程度。比如学校里的教授，能让学生长时间等待的教授往往会被认为是重要人物。心理学家詹姆斯·帕鲁斯和卡萨力·安达克就曾做过一个非常独特的实验，实验结果证明，大学课堂上如果讲师上课迟到，学生只会等10分钟，如果10分钟后讲师不到，学生就会回去；如果是副教授迟到，学生们能等20分钟；如果是教授上课迟到的话，学生们可以等30分钟。由此可见，随着地位的提高，一个人能占据的对方的时间也会增加。

在与客户谈判的过程中，如果谈判已经非常深入，而你想在下一次的谈判让对方答应你的要求，那么你可以尝试比约定时间晚几分钟再去，这是一个有效的心理战术。如果迟到几十分钟的话，会让对方觉得你很没有礼貌，但如果只迟到几分钟的话，一般情况下完全没有问题。这样，占据对方的时间就成为一个事实，这时，你传达给客户的是"我是一个重要人物"的信息。

还有一个细节，就是在谈判过程中，请同事或秘书给你打电话，然后对对方说："对不起，我接一下电话……"让对方等你5分钟左右，这也是一种谈判技巧。通过占据对方的时间，无形中就取得了非常重要的心理优势，让对方得到一种你很忙的感觉。

同样，如果对方控制了你的时间，最有效的反击办法是让对方产生愧疚感。

例如，当你判断出对方是故意比约定的时间来得晚的时候，你一定要特意强调"没关系，我真的不在意你迟到了"，这样很容易就会让对方在心理上产生愧疚感。

斯坦福大学的心理学家麦力鲁·卡鲁史密斯博士和威斯康星大学的阿兰·克劳斯博士曾经通过实验证明，心中怀有愧疚感的人容易服从对方。在实验中，他们让一位学生（不知情的被实验者）因为使用电器造成对方休克（实际上对方并没有受到电击）而产生愧疚感，在这之后，这位学生对对方提出的毫无道理的要求的服从率是通常情况下的3倍。

因此，在对方占据了你的时间后，让他产生愧疚感，是一种有效战术。

除却愧疚感的影响力，对于占据了你的时间的情况，还有一种反击办法，就是再去占据对方的时间。比如，当对方因为临时的电话或其他情况对你说"抱歉，请稍等"，然后离开的时候，你就把自己的资料在桌子上摆开，不慌不忙地开始工作。即使在对方回来之后，你也完全可以以一句"请稍等一下"让其等待，自己低头继续工作。这样就又占据了对方的时间，通过一来一回的时间争夺，在谈判中就取得了相对的平衡。

如果你这个时候恰好没有什么事情来打发这段时间，也可以随便和谁打个电话。要注意，在对方回到座位之后，不要立刻挂电话，而是让对方再稍等一会儿，这样也能给对方传达出"我非常忙"的信息，无形中给对方施加压力。

除此之外，还应关注的一点是，要使占据对方的时间与对方占据你的时间保持平衡。如果对方占据了你5分钟，那么你就随便和谁打个电话，也占据他5分钟；如果对方占据了你10分钟，那你就夺回这10分钟。

运用控制时间来获取心理优势，对谈判结果将起到非常有效的作用。

PART 02
把握：获得对方的信任与好感

投石问路，逐渐消除对手的戒备心理

谈判开始时，虽然双方人员表面彬彬有礼，内心却对对方存有戒备心理，如果这个时候直接步入主题，进行实质性谈话，就会提高对手的警觉心理。

谈判开始的话题最好是松弛的、非业务性的，要善于运用环顾左右、迂回入题的策略，给对方足够的心理准备时间，为谈判成功奠定一个良好的基础。

环顾左右、迂回入题的做法很多，下面介绍几种常用且有效的入题方法。

一、从题外话入题

谈判开始之前，你可以谈谈关于气候的话题。"今天的天气不错。""今年的气候反常，都三四月份了，天气还这么冷。"也可以谈旅游、娱乐活动、衣食住行等，总之，题外话内容丰富，可以信手拈来，不费力气。你可以根据谈判时间和地点，以及双方谈判人员的具体情况，脱口而出，亲切自然，刻意修饰反而会给人一种不自然的感觉。

二、从"自谦"入题

如对方为客，来到己方所在地谈判，应该向客人谦虚地表示各方面照顾不周，没有尽好地主之谊，请谅解等；也可以向主人介绍一下自己的经历，说明自己缺乏谈判经验，希望各位多多指教，希望通过这次交流建立友谊等。简单的几句话可以让对方有亲切的感觉，心理戒备也会很快消除。

三、从介绍己方人员情况入题

在谈判前，简要介绍一下己方人员的经历、学历、年龄和成果等，让对方有个大概的了解，既可以缓解紧张气氛，又不露锋芒地显示己方的实力，使对方不敢轻举妄动，暗中给对方施加心理压力。

四、从介绍己方的基本情况入题

谈判开始前，先简略介绍一下己方的生产、经营、财务等基本情况，提供给对方一些必要的资料，以显示己方雄厚的实力和良好的信誉，坚定对方与你合作的信念。

五、投石问路巧试探

投石问路是谈判中一种常用的策略。作为买家，由此可以得到卖家很少主动提供的资料，分析商品的成本、价格等情况，以便做出自己的抉择。

投石问路是谈判过程中巧妙地试探对方，在谈判中常常借助提问的方式，来摸索、了解对方的意图以及某些实际情况。

如当你希望对方得出结论时，可以这样提问：

"您想订多少货？"

"您对这种样式感到满意吗？"

……

总之，每一个提问都是一颗探路的石子。你可以通过了解产品质量、购买数量、付款方式、交货时间等来了解对方的虚实。面对这种连珠炮式的提问，许多卖主不但难以主动出击，而且宁愿适当降低价格，也不愿疲于回答询问。因此，在谈判中，恰到好处地运用"投石问路"的方法，你就会为自己一方争取到更大的利益。

想要在谈判中尽快降低对方的警觉性，谈判之前就要做好充分的准备。你最好先了解和判断对方的权限及背景，然后把各种条件及自己准备切入的问题重点简短地写在纸上，在谈判时随时参考，提醒自己。

熟悉首要客户的情况，在谈判之前就展开心理公关

几年前，华北某省移动局有一个电信计费的项目，A公司志在必得，系统集成商、代理商组织了一个有十几个人的项目小组，住在当地的宾馆里，天天跟客户在一起，还帮客户做标书，做测试，关系处得非常好，大家都认为拿下这个订单是十拿九稳的，但在投标时却输给了另一家系统集成商。

不打不相识，最后双方决定坐下来谈一谈，看看有没有合作的可能性。后来得知，中标方的代表是位长相很普通的李小姐。事后，A公司的代表问她："你们是靠什么赢得了那么大的订单呢？要知道，我们的代理商很努力呀！"李小姐反问道："你猜我在签这个合同前见了几次客户？"A公司的代表就说："我们的代理商在那边待了好几个月，你少说也去了20多次吧。"李小姐说："我只去了3次。"只去了3次就拿下2000万的订单，肯定有特别好的关系吧？实际上，李小姐在做这个项目之前，一个客户都不认识。

那到底是怎么回事呢？

她第一次来移动局，就分别拜访局里的每一个部门，拜访到局长的时候，发现局长不在，办公室的人告诉她局长去北京出差了。她就又问局长出差住在哪个宾馆，马上就给那个宾馆打了个电话，嘱咐该宾馆订一束鲜花和一个果篮，写上她的名字，送到局长房间。然后又打电话给她的老总，说这

个局长非常重要，在北京出差，请老总一定要想办法接待一下。

她马上预订了机票，中断其他工作，下了飞机就去这个宾馆找局长。等她到宾馆的时候，发现她的老总已经在跟局长喝咖啡了。

在聊天中得知局长有两天的休息时间，老总就请局长到公司参观，局长对公司的印象非常好。参观完之后大家一起吃晚饭，吃完晚饭她请局长看话剧《茶馆》。

为什么请局长看《茶馆》呢？因为她在拜访局长的时候问过办公室的工作人员，得知局长很喜欢看话剧。局长离开北京时，她把局长送到飞机场，对局长说："我们谈得非常愉快，一周之后我们能不能到您那儿做技术交流？"局长很痛快地答应了这个要求。一周之后，她的公司老总带队到山东做了个技术交流。

老总后来对她说，局长很给"面子"，亲自将相关部门的有关人员都请来，一起参加了技术交流，在交流的过程中，大家都感到了局长的倾向性，所以这个订单很顺利地拿下来。

A公司的代表听后说："你可真幸运，刚好局长到北京开会。"

李小姐掏出了一个小本子，说："不是什么幸运，我的每个重要客户的行程都记在了上面。"打开一看，上面密密麻麻地记了很多名字、时间和航班，还包括他的爱好是什么，他的家乡是哪里，这一周在哪里，下一周去哪儿出差，等等。

在此案例中，中标方的销售代表只与客户接触了3次就成功谈下了2000万的订单，而竞争对手A公司花费了很大的人力、物力也未能如愿，原因就在于中标方的销售代表掌握了客户的关键决策人物——移动局局长的个人资料，并且根据这些资料采取了一系列主攻客户的谈判策略。

首先，打电话到局长下榻的酒店，请酒店送一束鲜花和一个果篮到局长的房间，并写上她的名字；

其次，打电话给本公司的老总，请老总亲自去接待一下客户；

再次，请局长参观自己的公司；

最后，请局长去看话剧《茶馆》。

这些行动都是源于客户的个人资料，且直接作用于客户的情感，获得了客户的好感，建立了比较密切的客户关系。最终，在一次老总亲自带队的大型的技术交流之后，李小姐的公司顺利地拿到了这个大单。

每个谈判人都具有感性思维，完全理性的人并不存在。从客户的感性角度出发，打动对方的感情，获得客户的好感，你就已经成功了一半。特别是在与大客户谈判的时候，之前对大客户的家庭状况、家乡、爱好、社会关系、个人发展等方面的资料有一个详细的了解，对于我们在谈判中展开一系列公关活动从而获得客户信任有很大的作用，有助于促成谈判的成功。

多同意客户的观点容易得到他们的好感

很多客户是偏重于理性思考的，这种人的好奇心非常强，喜欢收集各方面的信息，提出的问题也会比其他类型的购买者多。销售人员可以通过下面的一些方法来识别这种类型的客户。

如：他们最常说的话有："怎么样？""它的原理是什么？""怎么维修？""通过什么方式给我送货啊？"，甚至有时候他们会问："你多大了？""接待的顾客都是什么样的？""你干这一行多长时间了？"等。

他们逻辑性强，好奇心重，遇事喜欢刨根问底，还愿意表达出自己的看法。作为一名谈判人员就要善于利用这些特点，在销售过程中多同意他们的观点。

因为，对于这类客户，在谈话时，即使是他的一个小小的优点，如果能得到肯定，客户的内心也会很高兴的，同时对肯定他的人必然产生好感。因此，在谈话中，一定要用心地去找寻对方的价值，并加以积极的肯定和赞美，这是获得对方好感的一大绝招。

比如对方说："我们现在确实比较忙。"你可以回答："您坐在这样的领导位子上，肯定很辛苦。"

常用的表肯定的词语还有："是的""不错""我赞同""很好""非常好""很对"……

如："是的，张经理您说得非常好！""不错，我也有同感。"

在这个过程中切忌用"真的吗""是吗"等一些表示怀疑的词语。

电话行销人员小刘上次电话拜访张经理向他推荐A产品，张经理只是说"考虑考虑"，就把他打发了。小刘是个不肯轻易放弃的人，在做了充分的准备之后，再一次打电话拜访张经理。

小刘："张经理，您好！昨天我去了B公司，他们的A产品系统已经正常运行了，他们准备裁掉一些人以节省费用。"（引起与自己推销业务有关的话题。）

张经理：不瞒老弟说，我们公司去年就想上A产品系统了，可经过考察发现，很多企业上A产品系统钱花了不少，效果却不好。（客户主动提出对这件事的想法：正中下怀。）

小刘："真是在商言商，张经理这话一点都不错，上马一个项目就得谨慎，大把的银子花出去，一定得见到效益才行。只有投入没有产出，傻瓜才会做那样的事情。不知张经理研究过没有，他们为什么失败了？"

张经理："A系统也好，S系统也好，都只是一个提高效率的工具，如果这个工具太先进了，不适合自己企业使用，怎能不失败呢？"（了解到客户的问题。）

小刘："精辟极了！其实就是这样，超前半步就是成功，您要是超前一步那就成先烈了，所以企业信息化绝对不能搞'大跃进'。但是话又说回来了，如果给关公一挺机关枪，他的战斗力肯定会提高很多倍的，您说对不对？"

（再一次强调A系统的好处，为下面推销做基础。）

……

小刘："费用您不用担心，这种投入是逐渐追加的。您看这样好不好，您定一个时间，把各部门的负责人都请来，让我们的售前工程师给大家培训一下相关知识。这样您也可以了解一下你的部下都在想什么，做一个摸底，您看如何？"（提出下一步的解决方案。）

张经理："就这么定了，周三下午两点，让你们的工程师过来吧。"

小刘虽然再次拜访张经理的目的还是推销他的A产品系统，但是他却从效益这一关心的话题开始谈起，一开始就吸引了张经理的注意力。在谈话过程中，小刘不断地对张经理的见解表示肯定和赞扬，认同他的感受，从心理上赢得了客户的好感。谈话虽然进行到这里，我们可以肯定地说小刘已经拿到了通行证，这张订单已尽收囊中。

所以，在同客户谈判时，最好先从你的产品如何帮助他们，对他们有哪些好处谈起，尽快引起他们的兴趣，但是也不要把所有的好处都亮出来。同时，在谈判中要善于运用他们的逻辑性与判断力强的优点，不断肯定他们，这样才会取得电话行销的良好效果。

PART 03

破译：在心理战中看穿对方的真实意图

他在想什么？"举手投足"传答案

坐到谈判桌前，个人举止将会同以往有很大不同。人们往往会借助一些手势来表达自己的意见，从而使效果更臻完美。作为谈判的一方，你应当学会趁机仔细观察对手，捕捉潜藏的信息，从而迅速得到自己想要的信息。

要做到这一点，通常要注意以下几点：

一、对方的举止是否自然

谈判中，如果对方动作生硬，则你要提高警惕，这很可能表示对方在谈判中为你设置了陷阱。同时，还要注意他的动作是否切合主题。如果在谈论一件小事的时候，就做出夸张的手势，动作多少有些矫揉造作，欺骗意味增加，需要仔细辨别他们表达情绪的真伪，避免受到影响。

二、对方的双手如何动作

在谈判中，注意对方的上肢动作，可以恰当地分析出其心理活动。如果对方搓动手心或者手背，表明他处于谈判的逆境。这件事情令他感到棘手，甚至不知如何处理。如果对方做出握拳的动作，表示他向对方提出挑衅，尤其是将关节弄响，将会给对方带来无声的威胁。

如果对方手心在出汗，说明他感到紧张或者情绪激动。

如果对方用手拍打脑后部，多数是在表示他感觉到后悔，可能觉得某个决定让他很不满意。这样的人通常要求很高，待人苛刻。而若是拍打前额，则说明是忘记什么重要的事情，而这类人通常是真诚率直的人。

如果对方双手紧紧握在一起，越握越紧，则表现了拘谨、焦虑的心理，或是一种消极、否定的态度。当某人在谈判中使用了该动作，则说明他已经产生了挫败感。因为紧握的双手仿佛是在寻找发泄的方式，体现的心理语言不是紧张就是沮丧。

三、对方腿部和脚部如何动作

从对方的腿部动作也能搜罗出一些信息：如果他张开双腿，表明对谈话的主题非常有自信；若是将一条腿跷起抖动，则说明他感觉到自己稳操胜券，即将做出最后的决定了。

如果对方的脚踝相互交叠，则说明他们在克制自己的情绪，可能有某些重要的让步在他们心中已形成，但他们仍犹豫不决。这时，不妨提出一些问题并进行探查，看是否能让他们将决定说出口。

如果对方摇动脚部或者用脚尖不停地点地，抖动腿部，这都说明他们不耐烦、焦躁、要摆脱某种紧张感。

如果对方身体前倾，脚尖踮起，表现出温和的态度，则说明对方具有合作的意愿，你提的条件他基本能接受。

交涉，注意他坦诚的嘴部

在商务交涉中，对手所说的话未必都是真实的，但他们的嘴部动作却很"坦诚"。因为，根据身体语言学家的观察，发现人们的嘴富有极强的表现力，它的动作常常能让谎言不攻自破，把人的心绪全面暴露出来。

一、咬住的嘴唇

谈判中，如果对方经常咬住自己的嘴唇，就是一种自我怀疑和缺乏自信的表现。因为在生活中，人们遇到挫折时容易咬住嘴唇，惩罚自己或感到内疚。若在谈判中用到，则说明对方已经开始认输，内心开始妥协退让了。

二、抿着的嘴唇

谈判中，如果看到对方抿着嘴唇，则表示他内心主意已定，是有备而来，绝对不会轻易让自己退让。
如果他目光不与你接触，则说明
内心有秘密，不能泄露。所以抿
着嘴巴，怕自己泄露信息。

三、嘴向上撇起

这个动作说明对方对你提出的
建议很不满，是表达异议的一种方
式。因为小孩子在猜到父母哄骗自
己时，就容易做出这样的动作。成
年人在商务场合做出这种动作就像
在说：哄小孩子呢，我可不满意。
这时他们通常不会答应任何条件，而是等着对方调整策略。

四、嘴不自觉地张开

对方做出这样的动作，显示出倦怠或者疏懒的样子，则他可能对自己所
处的环境厌倦、不肯定，抑或对讨论的话题还摸不着头绪，缺乏足够的自信
来应付你。

谈判场如博弈场，关注对方的其他相关部位的变化，也能挖掘他们心中
的秘密。

小动作，泄露他的下一步行动

谈判进入实质阶段后，双方都会主动提出一些条件与对方协商。通常这
些条件并不能立刻达成意向性协议，这时，话题该怎样谈下去？下一个，又
轮到谁提出新条件？

想知道答案吗？根据下列动作，你就能判断，哪一方要采取行动了。

一、谈判时清嗓子

谈判陷入僵局时，有的人会开始清嗓子，这就是说明对方要开始表达意见
了。但为了掩饰自己的紧张和不安，会先清理喉咙，为发言做准备。但如果是
在谈判中清嗓子，则是对某一方的警告，表达不满，无法接受提出的条件。

二、谈判中五指伸开

在谈判时，将手逐渐伸开，说明他现在的心情放松，正想要陈述观点，并可能会继续做出这个动作。伸开的手指就是在释放压力，也是鼓励自己，就像小学生举手回答问题一样，赋予自己自信。

三、谈判中身体前倾，嘴部微张

坐在谈判桌前，双方都陷入沉默，这时，如果一方代表身体靠近桌面，嘴部微微张开，就表明他已经想好条件，想继续表达看法。若不是准备充分，就说明此人性情直率，冲动，求胜心切，常常成为谈判中的主动者。

四、谈判中，双手轻轻抱拳，放在面前

这样的动作说明此代表还在思考，并没有做出最终的决断。他们小心谨慎，计划性强，通常不会首先开口提出条件。他们总怕自己吃亏，不经过深思熟虑，不会轻易做出决定。

懈怠的身体，无声的拒绝

一场不顺利的谈判，将为双方的合作带来极大的困难。而双方代表的身体倦怠也将传递彼此无法沟通的信息，此时不妨暂停一下，因为还没有到下结论的时机。

身体倦怠的提示通常包括以下几方面。

一、交叉双臂和双腿

如果对方代表交叉腿和双臂，呈现一种封闭的姿态，这时继续谈论什么他可能都不为所动。所以，你不

妨用新的方式来继续谈判，重新解释问题，或者为双方制造一个暂时休会的契机。会议的暂停可以让彼此更充分地考虑谈判策略，并重新做出部署。

二、心不在焉地玩弄物品

谈判的对方开始玩弄手边的物品，如笔或纸，甚至自己的头发，说明他对谈论的话题已经失去了积极主动的心态，认为这场谈判很乏味，希望尽快结束。

三、沉默地吸烟

谈判的过程中，如果对方不再说话，而是沉默地吸烟，并不停地磕烟灰，说明内心有矛盾或者冲突。他很焦虑不安，为了化解内心的情绪，在寻找发泄的途径。这样的表现对继续开展谈判非常不利，可以转换话题，让对方的思维暂时跳出来。

四、用手拄着下巴

谈判对手将手放在脸颊的一侧，身体力量集中在手上，用手拄着脸部，呈现出一副不耐烦的样子。身体的消极形象，实际上已经表明了他的"不抵抗，也不想合作"的态度，此时将会议再继续进行下去，意义微小。

五、摘下眼镜扔在桌面上

如果谈判者将眼镜取下来，并用力地扔在桌面上。很明显，他已经不能控制不满的情绪，就要爆发了。他们根本没有再和你继续谈下去的意思，所以用这种动作表示反抗。倘若此时不及时停止话题，接下来的可能就是一场武斗。

第 五 篇

公关心理学

PART 01
打理好客户关系，从对方心理
出发考虑问题

找到技巧，平息投诉者的怒火

销售人员在发现客户投诉时，应认真分析客户抱怨的原因：是产品质量问题，还是服务跟不上？回想一下你最近一次接到过的怒气冲天的电话，或者你给这样的人打电话时的情景。他对你发火了吗？是你不走运偶然接了这么个电话？对方发火可能不是针对你个人，也不是针对公司，某种外因引发了他的怒火。打电话者有时会迁怒于你，因此你需要学习一些平息对方愤怒的有效方法。

下面的几个技巧可以让你控制自己，掌握局面。

一、让他发泄，表明你的理解

平息消费者的愤怒情绪，最快的方法是让他把气"撒出来"。不要打断他，让他讲，让他把胸中的怒气发泄出来。记住，一个巴掌拍不响。如果你对细节表示不同看法，那么就会引起争吵。

然后对客户所经历的事情进行道歉和承认。一句简单的道歉话，丢不了什么面子，但这是留住客户的第一步。自我道歉语言要比机械式的标准道歉语更有效。学会倾听，生气的客户经常会寻找一位对其遭遇表示出真实情感的好听众。

你耐心地倾听，并且向他表明你听明白了，这会给对方留下好的印象，那你就容易让他平静下来，不过只有在他觉得你已经听清了他的委屈之后。所以等他不说了，你要反馈给对方，表明你已经听清了他说的话。你不必非得附和对方，或者一定要支持对方的牢骚，只要总结一下就行。

二、向客户询问有关事件的经过，弄清客户想得到什么结果

不与客户产生大的冲突，力求保持关系，常见的不满如产品质量、送货不及时、不遵守合同、产品款式不满意、价格不合理、售后服务不到位等，形式千变万化。了解客户投诉的内容后，要判定客户投诉的理由是否充分，投诉要求是否合理。如果投诉不能成立，即可以用婉转的方式答复客户，取得客户的谅解，消除误会。

三、做出职业性回答

记住，关键是不要以个人情感对待顾客的怒气，而要从职业的角度处理这种问题。要承认消费者的忧虑也许合情合理。他们或许对问题的反应过于激烈，不过不要让对方的举动影响你客观地评价问题与解决问题的办法。例如，你可以这样说：

"琼斯先生，我们对我们的疏忽大意表示道歉。"当你或公司有错时才道歉。

"我们会尽我们所能为您排忧解难。"这并不是强迫你按对方要求的去做。

"谢谢您让我们注意到了这个问题。我们之所以能够改进服务，正是靠了您这样的顾客的指正帮助。"

四、对投诉的事件进行归纳和总结，并得到投诉客户的确认

对投诉处理过程进行总结，吸取经验教训，提高客户服务质量和服务水平，降低投诉率。告诉客户其意见对我们的企业很重要，不妨留下客户的联系方式，再寄上一封感谢信，这样的成本付出最多不过几十元，却能够在一定的区域内获得良好的口碑宣传。

这种暴跳如雷的客户，也许是由于性格使然，很难与别人融合在一起。但是作为一名销售员，每时每刻都有可能面临这样的客户投诉。但是不管是什么原因造成的这种情况，与客户争吵总是一件不对的事情。与客户争吵的结果可能使销售人员心里很舒畅，但却从此失去了一个客户，同时，也失去了未来人际关系中很重要的一部分。仔细想想，其实得不偿失。

从对销售员的研究来看，销售员普遍应该锻炼和提高的是耐心。销售员在销售和服务的过程当中，有时候需要回答客户所提出来的各种问题。当问题增多的时候，有不少销售员会变得缺乏耐心，言语之中已经自觉不自觉地流露出不耐烦的情绪。例如，有些销售员可能这样说："我不是都已经告诉过你了吗，你怎么还……"而正是这种不自觉的不耐烦，所造成的结果是，要么使客户的不满情绪扩大，要么使客户马上挂掉电话转而奔向公司的竞争对手。尤其在面对那些脾气暴躁的投诉者时，更应该有耐心。

用合作的态度避免争执

销售员："您好，我想同您商量有关您昨天打电话说的那张矫形床的事。您认为那张床有什么问题吗？"

客户："我觉得这种床太硬。"

销售员："您觉得这床太硬吗？"

客户："是的，我并不要求它是张弹簧垫，但它实在太硬了。"

销售员："我还没弄明白。您不是原来跟我讲您的背部目前需要有东西支撑吗？"

客户："对，不过我担心床如果太硬，对我的病情所造成的危害将不亚于软床。"

销售员："可是您开始不是认为这床很适合您吗？怎么过了一天就不适合了呢？"

客户："我不太喜欢，从各个方面都觉得不太适合。"

销售员："可是您的病很需要这种床配合治疗。"

客户："我有治疗医生，这你不用操心。"

销售员："我觉得您需要我们的矫形顾问医生的指导。"

客户："我不需要，你明白吗？"

销售员："你这个人怎么……"

从上面的例子中可以看出，这位销售员在解决客户的投诉时，首先要面对的肯定是客户的病情与那张矫形床的关系，说话不慎就可能触动客户的伤疤，让他不愉快，那么即使他非常需要也不愿意对你做出让步。客户提出投诉，意味着他需要更多的信息。销售员一旦与客户发生争执，拿出各种各样的理由来压服客户时，他即使在争论中取胜，也彻底失去了这位客户。

为了使推销有效益，你必须尽力克制情绪，要具备忍耐力，要不惜任何代价避免发生争执。不管争执的结果是输是赢，一旦发生，双方交谈的注意力就要转移，而客户由于与你发生争执而变得异常冲动，是不可能有心情与你谈生意的。争执会带来心理上的障碍，而且必然会使你无法达到自己的目的。

所以，当客户对你的产品或服务提起投诉，并表示出异议时，你千万不能直截了当地反驳客户。假如你很清楚客户在电话上讲的某些话是不真实的，就应采用转折法。首先，你要同意对方的观点，因为反驳会令对方存有戒心。然后，你要以一种合作的态度来阐明你的观点。

客户："我们已决定不购买这种机器了。由于政府已禁止进口，所以这种机器的零件不会太好配。"

销售员："噢，是这样，我明白了。但您是否敢肯定您的信息准确呢？我想请问一下，关于禁止进口的消息您是从哪里听到的？"

销售员心里明白政府仅仅采取强制手段限制某些产品进口，他对这点很有把握，因为了解所有对贸易有影响的法令是销售员所必须做的，而客户讲的话很容易站不住脚。但假如销售告诉客户说，他的话是毫无根据、胡编乱造的，就会冒犯客户。

如果客户因为不放心产品或服务而说了几句，行销人员就还以一大堆反驳的话，这样一来，不仅因为打断了客户的讲话而使客户感到生气，而且在争执的时候还会向对方透露出许多情报。当客户掌握了这些信息后，行销人员就会处于不利的地位，客户便会想出许多退货或要求赔偿的理由，结果当然是会给公司和行销人员本人带来很大的损失。因此，销售员要用合作的态度避免争执，寻找解决之道，切不可以"针尖对麦芒"，弄得一发不可收拾。

不同的顾客异议需要不同的心理攻关战术

老牛经营卷烟已经10多年了，在他刚开店的那会儿，如果遇到顾客对卷烟提出异议时，没等顾客说完他就不客气地回绝了。因为那时候他想反正自己不卖假烟，也不怕你到处乱说，更不怕你投诉。可如此久而久之，老牛一直以这种简单粗暴的方式处理问题，不少顾客便再也不来老牛的店里买烟。

老牛知道这样下去不行，经历过以上这些教训，老牛决定改变态度，开始认真地处理顾客的异议。十几年的卷烟生意让老牛明白，只有合理地处理顾客的异议，消除顾客的疑虑，才能让他们成为常客。

有一次，一位顾客在老牛店里买了一条红梅烟，当场抽了一根说感觉味道不对，要求老牛给他换一条。但是如果老牛换给他，换了之后顾客就很可能会误认为老牛开始给的是假烟，被识破之后才被迫换给他的。对此，老牛很耐心地给他做解释，指着墙上的烟草零售许可证告诉他自己是A类诚信用户，并

言之凿凿说明自己的烟一定货真价实。

顾客听了之后依然半信半疑。老牛猜出了顾客的心思，恰好老牛的店离烟草专卖局也不远，于是老牛主动提出带着这条烟去鉴定真伪的建议。鉴定结果出来了，这条烟是真品。

顾客的疑虑彻底打消了。从那以后，老牛卖的烟一定是真品烟的消息也不胫而走，这反倒帮老牛做了无形的广告。老牛庆幸自己没有像曾经一样，因为嫌麻烦而对之前那位顾客的纠缠置之不理，才有了日后更长久的"不麻烦"。

顾客异议的处理是需要讲究方式的，不要以为自己的东西好就没有问题了。因为你觉得好没用，要顾客觉得好才会认可你的商品。老牛从"身正不怕影子歪"的强硬，到后来的"动之以情，晓之以理"的处理方式，为他的店面销售迎来了良好的信誉。而信誉，是店面存在的招牌，店面的名声太臭对商品的销售是非常致命的。如果顾客都不愿意来你这里买东西，那你的这个店也就没有存活下去的根基了。

所以在面对顾客异议的时候，店主们一定要找出引起顾客不满的缘由，并进行艺术性的处理。一般情况下，引起顾客异议的原因有以下几种：

一、顾客自身的原因

（1）顾客自身的偏见、成见或习惯。偏见、成见往往不合逻辑并带有强烈的感情色彩，对于这种异议靠讲

道理的方法往往难以清除。通常情况，为了不影响销售，我们应尽可能地避免讨论偏见、成见和习惯问题。在无法避免的情况下，我们应采取一些适当的方法把话题引向别处，或用委婉的方式进行说明。

（2）顾客的心境不良。这种情况下，顾客有可能提出种种异议，甚至是怀有恶意，借题发挥，大发牢骚。如果顾客真的属于胡搅蛮缠、无理取闹，我们也不能一味纵容而应采取适当措施维护自己的权益。

（3）顾客的自我表现。有些顾客很爱表现自己知识丰富，有主见，因此可能会提出种种问题来为难店主，这种情况我们应给予谅解，并适当采取谦虚的态度耐心倾听。否则容易刺伤顾客的自尊心和虚荣心，从而引发他们的不满。

二、商品自身原因引起的投诉

商品本身质量出现问题，比如功能欠缺、价格不当等，或者有些商品的销售证据不够充分，顾客自然会提出种种异议。对于这类异议，我们首先应该实事求是地进行处理，在商品销售时应尽量提供更多的证据，对品质不良商品应设法改进或直接下柜不再销售等。

另外，需要注意的是，当顾客提出异议的时候，一定要做到仔细倾听顾客抱怨，以便随后处理。绝对不能在顾客刚开始倾诉时，就打断其说话或立即加以反驳，这样做会使顾客更不愉快。在倾听时，最好是运用一些肢体语言，表现出自己对顾客的关注与同情。例如目光平视顾客，表情严肃地点头，使顾客充分意识到你在默认他的问题。只有让对方说话，才能了解问题的症结所在。

在倾听了顾客的异议以后，要时刻站在顾客的立场上来回答问题，即支持顾客的观点，使顾客意识到店铺非常重视自己。这种倾听的方式，能有效消除对方的不满情绪，对进一步掌握问题的症结，很有帮助。

PART 02
事件公关：利用公众心理效应巧打广告

事件营销：吸引顾客好奇心的拳头武器

荷兰一家商场对部分商品实施了一次另类拍卖。拍卖的最初价格，被标在宛如大钟的表盘上，盘面上的数字代表商品的价格。商家首先制定一个较高的起拍价，然后价格指针有规律地向较低的方向移动，直到有一名买者按下按钮，停止大钟的转动。这名买者就竞投到了这件商品。

这是一则听起来很有趣的促销事件。原本从低喊到高的商品价格反其道而行之地变成了从高价向低价进行拍卖，拍卖的形式也可谓噱头十足，一个奇异的大表盘立在商场门口就足以吸引路过的顾客。

事实也证明，这家商场的促销策略不仅有趣，而且十分成功。原本积压的清仓商品以不低的价格售出，更重要的是，该商场通过举行这次另类的拍卖而声名大振，成为趣谈。街闻巷议口口相传，前来观看和竞投的顾客众多，顺便买些商场中的其他商品；另一方面，媒体也将这一特别的促销活动作为新闻而登上版面，也为该商场做了免费宣传。

这就是事件营销的魅力。

事件营销就是通过制造具有话题性、新闻性的事件引发公众的注意，使得我们的产品可以在同质化泛滥的产品信息中脱颖而出，走入消费者的视线，因而获得被购买的可能。

事件营销是近年来国内外十分流行的一种公关传播与市场推广手段，集新闻效应、广告效应、公共关系、形象传播、客户关系于一体。

听起来，事件营销似乎主要是由某企业管理层人员通过周详的计划与决策实施的公关活动，实际上，作为产品销售过程中重要一环的销售员，也可以充分将"事件营销"应用到我们的销售中。

我们所销售的产品如果能刺激到消费者的"好奇心"，那么，就赢得了销售的第一步。只要我们的产品信息引发了顾客的兴趣，如对产品的广告代言人，或是所推行的新理念、新功能产生兴趣并愿意了解和关注，那么，他就可能成为最后的购买者。

因此，销售员在销售过程中，可以通过有意地制造"事件"，从而给原本并不打眼的商品带来"商机"。

很多外国的啤酒商都发现，要想打开比利时首都布鲁塞尔的市场非常难。于是就有人向畅销比利时国内的某名牌酒厂取经。

这家叫"哈罗"的啤酒厂位于布鲁塞尔东郊，无论是厂房建筑还是车间生产设备都没有很特别的地方。但该厂的销售总监林达却是轰动欧洲的销售策划人员，由他策划的啤酒文化节曾经在欧洲多个国家盛行。

林达刚到这个厂时不过是个不满25岁的小伙子，那时的哈罗啤酒厂正一年一年地减产，因为销售不景气而没有钱在电视或者报纸上做广告。做推销员的林达多次建议厂长到电视台做一次演讲或者广告，都被厂长拒绝了。林达决定自己想办法打开销售局面，正当他为怎样去做一个最省钱的广告而发愁时，他来到了布鲁塞尔市中心的于连广场。这天正好是感恩节，虽然已是深夜了，广场上还有很多欢快的

人，广场中心撒尿的男孩铜像就是因挽救城市而闻名于世的小英雄于连。当然铜像撒出的"尿"是自来水。广场上一群调皮的孩子用自己喝空的矿泉水瓶子去接铜像里"尿"出的自来水来泼洒对方，他们的调皮启发了林达的灵感。

第二天，路过广场的人们发现于连的尿变成了色泽金黄、泡沫泛起的"哈罗"啤酒。铜像旁边的大广告牌子上写着"哈罗啤酒免费品尝"的字样。一传十，十传百，全市老百姓都从家里拿起自己的瓶子、杯子排成长队去接啤酒喝。电视台、报纸、广播电台也争相报道，"哈罗"啤酒该年度的啤酒销售量增长了1.8倍。林达也成了闻名布鲁塞尔的销售专家。

在这一例子中，销售员林达正是通过巧妙地借助小英雄于连在比利时人民心目中的影响力，为哈罗啤酒找到了吸引大众眼球的有利时机，从而成功打开了销路。

聪明的销售员都知道，一个好的事件营销产生的效果远远胜过花几百万制作的广告效果。因此，肯动脑筋的销售员都乐此不疲地在销售中营造卖点，吸引顾客的好奇心。手机卖场中的"摔手机"营销，对消费者声称"该手机质量过硬，摔坏者奖××元"，也是通过制造有卖点的事件，吸引消费者眼球；还有汽车市场的体验驾车、家电家具卖场中的演示营销，等等，各式各样的新招奇招都可以在销售过程中广泛运用，为你的销售量锦上添花。

饥饿营销：故意制造供不应求的假象

2009年10月，微软Windows7正式在北京发布。Windows7家庭普通版预售价仅为399元，这也是微软历来在华销售售价最低的Windows操作系统。在铺天盖地的宣传攻势之后，微软Windows7在中国迅速热销。不过，仅仅上市两天后，Windows7就出现了"一货难求"的情况，有钱也买不到。

"我们遭遇了传说中的'饥饿营销'。"在各IT论坛上，热盼Windows7的消费者发泄着自己的无奈。相对于Windows7上市之前长达5个月的宣传攻势，正式上市之后却难觅踪迹，这一现象让消费者很难理解。

微软在接受媒体采访时，对"饥饿营销"的说法不置可否。相关负责人表示，正和众多合作伙伴密切协作，加大供货力度，确保用户在第一时间购买和体验到Windows7。微软还表态称，对于准备购买新电脑的客户，购买预装正版Windows7操作系统的电脑将是最经济实惠的。

微软Windows7有意调低供货量，以期达到调控供求关系、制造供不应求"假象"、维持商品较高售价和利润率的目的。此前，诺基亚对N97就采用在电视、网站、户外广告牌进行大量的轮番广告轰炸，但却严格控制发货数量，给人造成产品供不应求印象的销售策略，从而让这款产品一度成为顶级手机的销量冠军。

饥饿营销起源于一个传说：古代有一位国王吃尽了天下山珍海味，从来不知道什么是饥饿。所以他变得越来越没有食欲，每天都很郁闷。某一天，他外出打猎迷路了。饿了几天之后终于在森林里遇到了一户人家。那家人把家里唯一的野菜和馒头煮在一起做了一顿乱炖，国王二话不说，就把锅里的菜全部吃光，并将其封之为天下第一美味，并把那个山民当成大厨带回宫里。然而，等国王回到王宫饱食终日之后，那个山民再给他做菜时他再也不觉得好吃了。这一常识已被聪明的商家广泛地运用于商品或服务的商业推广。

　　这种饥饿营销不仅仅是大的商家在用，一些聪明的店主也用这种方式极大地促进了商品的销售。比如，在地安门十字路口有一家京城极负盛名的干果店，他的店主陈红村通过探究民间炒板栗的秘方，精选颗粒最为饱满的怀柔油栗，用特殊的糖和沙子炒制而成。板栗飘香引来了无数的吃客。在这家面积不到40平方米的小店，顾客们每次起码要排半小时的队才能买到。过节时一天就能卖出2000多斤糖炒栗子，光靠栗子、瓜子等一些干果竟然一年能卖出五六百万元。

　　为此，有吃客在网上发表了总结出的生意经。他认为，这家店之所以出名，不仅仅是板栗大王炒的栗子好吃，更重要的原因是这里的栗子要排队才能买到。光是这个，在商品极度丰富的市场上，很是难得。另外，排队的开始，顾客可以从玻璃窗外看到在一个单间里，员工在将坏的栗子从大麻袋中一个个挑出来，这是一个可以亲眼看到的"质量控制"流程，想必印象很深。一锅炒的栗子大概20来斤，不是那么大规模生产来保证供应，这是典型的市场"饥饿"策略。供应不够，需求旺盛，就得排队，越排队越觉得值。排队过程很枯燥，他们在卖糖炒栗子之外，还卖炒瓜子，这个可以轻易买到。排队时很多人买瓜子嗑，瓜子成了衍生服务，销量不比栗子少，业务自然生长，完成了多元化。排半个小时甚至一个小时的队，你肯定烦了。轮到你买，原本买2斤的，买了4斤，原本买5斤的，买了10斤。顾客不愿意吃亏，排了老长的队，买少了总是觉得亏。前面的买得越多，后面的队排得越长。

　　从微软Windows7和干果店这两个案例中我们可以发现，饥饿营销的操作其实很简单，即先用令人惊喜的质量和价格，把潜在消费者吸引过来，然后限制供货量，造成供不应求的热销假象，吸引更多源源不断的消费者。但是我们不能忽视的是，饥饿营销运行的始末始终贯穿着"品牌"这个因素。即饥饿营销的运用必须靠产品强势的品牌号召力。无论是微软Windows7还是京城那家干果店，他们在实行饥饿营销的时候，都已经有了自己的品牌。而正是由于有"品牌"这个内在因素，饥饿营销就成了一把双刃剑。剑用好了，可以使原本强势的品牌产生更大的影响，赚取超乎想象的利润。如果用不好的话，将会给产品的品牌造成伤害，从而降低了附加值。

故意引发争论，在公众激烈的探讨中深入人心

2000年4月24日，在全国饮用水市场排行第三的"农夫山泉"突然向媒体宣布，经实验证明纯净水对健康无益，"农夫山泉"从此不再生产纯净水，而只生产天然水。

"农夫山泉"的根据是：纯净水纯净得连微量元素都没有了，而微量元素是人体健康必不可少的。

此言一出，就好像一颗石子投进水里，立即掀起了阵阵波澜。众多纯净水生产厂家纷纷站出来指责"农夫山泉"的说法是"诋毁纯净水"的"不正当竞争行为"，违反了《不正当竞争法》。5月19日，广西53家纯净水生产厂家代表会聚北海，众口一词地谴责"农夫山泉"；5月30日，广东省瓶装饮用水专业协会在广州举行"安全卫生饮用水保健康"的专题座谈会，邀请有关专家和广东近20家饮用水生产厂家的负责人参加。

说是座谈会，但会议更像是一次声讨大会，与会人士的发言都是针对"农夫山泉"的，且颇带有"檄文"的色彩。

国内最大的饮用水供应商"娃哈哈"老总宗庆后也愤然质询"天然水"到底是什么；已坐上水市场老二位置的"乐百氏"的总裁何伯权也有一番激越的言辞："农夫山泉"的做法是一种非常不负责任的表现。

面对全国同行的同声反对，"农夫山泉"不仅未有

所收敛，反而变本加厉。不久，它又推出用意更明显的广告：一群小学生在做实验，分别用纯净水和天然水来养水仙花。几天后，用天然水养出的水仙花长得更茁壮。最后，实验得出了这样的结论：天然水好于纯净水。

"农夫山泉"还在全国范围内举行活动，召集全国小学生参加一项比较实验：将金鱼、大蒜分别放入纯净水与天然水中，然后观察其存活和发育状况；分别用这两种水泡茶，观察24小时茶色的变化。

"农夫山泉"宣称，此举是为了发动一场饮用水革命，引发人们对科学饮水的探讨。它相信，在进行了这场争论之后，饮用水行业必然出现一种新的平衡，而这种平衡将推动该行业向更加有利于消费者健康的方向发展。

面对着这一场突然发自"水"面的波澜，新闻媒体自然是不遗余力地争相报道。在报道中，同样加进了一些渲染的成分。很快，事情就演变成一场纯净水和天然水之间的大战。

事实上，从1999年开始，"农夫山泉"的传播主题就渐次地从"农夫山泉有点甜"转化为"好水喝出健康来"，强调水源、水质概念，主诉点强调——千岛湖的天然矿泉水。千岛湖，是华东一个著名的山水旅游风景区，水域面积573平方公里，平均水深34米，透明度可达7米，属国家一级水体，不经任何处理即可达饮用水标准，具有极高的公众认同；而农夫山泉是选取千岛湖水面下70米无污染活性水为原料，经先进工艺进行净化而成。这是农夫山泉的最大资源优势。

其实，农夫山泉只是宣布自己停止生产纯净水，但潜台词却是请其他厂商也停止生产纯净水，乃至整个行业都停止生产纯净水。"农夫山泉"的炒作，对于纯净水的厂家来说，打击是非常致命的。如果纯净水厂家与农夫山泉较劲，那么正中农夫山泉下怀。因为农夫山泉在广告中并没有特指是哪一家纯净水品牌，而是针对纯净水。这样的话很难抓住把柄，即使被告上法庭，输了官司，"农夫山泉"也高兴，因为将有更多的人知道它含有微量元素而不同于纯净水。反之，如果纯净水厂商不理会农夫山泉，甘拜下风，去开发天然水或是别的水，而"农夫山泉"早已抢先一步站稳脚跟。农夫山泉这一招实在是高。

在"2000年维护纯净水健康发展研讨会"的会后，众纯净水厂家发表了联合声明，集体声讨"农夫山泉"的不正当竞争行为，并准备请求有关部门检测"农夫山泉"的水源水质，严惩"农夫山泉"的不正当竞争行为，制止"农夫山泉"违法生产瓶装水。

针锋相对的，农夫山泉方面对纯净水厂家的联合声明迅速反应，在当地报纸上刊登广告，称将于当日晚 8 时30分召开记者招待会，广邀正在杭州采访以上事件的全国各地新闻媒体记者，将在会上阐述某些事宜。与此同时，有关法律专家也耐不住寂寞，从法律角度分析农夫山泉的做法，事情越闹越大。

这正是农夫山泉想要达到的效果，因为农夫山泉发动的这场"水战"本身就是一场没有结论的命题，大家反应越激烈，言辞、举动越过火，新闻跟踪报道的力度越大，"农夫山泉"就越得意。为了防止众厂家装聋作哑、不理会农夫山泉的这个茬儿，农夫山泉还不遗余力地去故意挑逗各个纯净水厂家，让他们表态反对，以把这个事件拖长。时间拖得越长，对于"农夫山泉"而言，就越有利。为了把事件扩大化，"农夫山泉"甚至于致函全国食品标准化委员会，限其7日内对天然水的问题给予答复，否则要"自动进入法律程序"，被标委会斥为"嚣张、狂妄"的评价也成了新闻。但"农夫山泉"却在消费者心中树起为民请命的斗士形象。

在这场非常具有争议性的炒作中，农夫山泉没有花一分钱的广告费，就将"农夫山泉"的水源概念和天然水的品质深入人心，取得了非常巨大的营销效果。

PART 03
品牌公关：发挥"俘获"顾客的无形感召力

品牌延伸，细分品牌价值链才能精准抓住消费者的眼神

市场上同类产品那么多，如何在激烈的角逐中找到属于我们自己的一席之地呢？这要求我们要学会把市场细化。

如今的客户面对的不是一两件商品，而是琳琅满目的商品，让人感觉挑花了眼。同类产品如此之多，我们究竟该如何吸引到客户的眼球呢？

这个棘手的问题大概是令许多企业特别头痛的，尤其是对于产品研发、设计人员来讲。比如一位客户想买一台数码相机，面对那么多的品种，怎样才能让他挑中你的呢？

宝洁公司在进入中国市场之前，通过市场研究，针对性地了解到中国洗涤用品的市场状况，包括品牌种类、售价、市场占有率以及销售额，同时又通过大量的问卷调查仔细研究了中国人的头发特点、洗发习惯、购买习惯等情况，发现洗发市场上高档、高质、高价的洗发用品是个空白，于是研制出适合中国人发质的配方，推出新品"海飞丝"，迅速占领了这一市场空白，并成功地成为中国洗发市场上的领导品牌。

　　市场细分的概念是由美国市场学家温德尔·史密斯于20世纪50年代中期提出来的。当时美国的市场趋势已经是买方占据了统治地位，满足消费者越来越多样化的需求，已经成为企业生产经营的出发点。为了满足不同消费者的需求，在激烈的市场竞争中获胜，就必须进行市场细分。这个概念的提出很快受到学术界的重视并在企业中被广泛运用，目前已成为现代营销学的重要概念之一。

　　由上面例子，可以看出企业通过市场调查研究进行市场细分，就可以了解到各个不同的消费群体的需求情况和目前被满足的情况，在被满足水平较低的市场部分，就可能存在最好的市场机会。

　　如今的企业都在喊利润越来越小，生意越来越难做。但是我们如果能从那么多相似的产品中，找到一块尚未被他人涉足的空白，那么我们的产品将有可能占领这一块制高点。

　　这就好比当初手机品种多得令人眼花缭乱，但如果你的是带广播或摄像头、MP3等功能的，一定可以吸引到不少年轻、时尚的消费者。但如今已经没有哪个手机品牌不具备这些功能，那么就需要我们更进一步，利用技术上的革新来彰显我们产品的独特个性。

　　"海尔"在这方面就先人一步，其做法值得各大企业借鉴。海尔的研究人员发现夏天的衣服少、洗得勤，传统的洗衣机利用率太低，于是推出小容量的"小小神童"，大受市场欢迎；他们还发现有些地区的农民用洗衣机来洗地瓜，排水

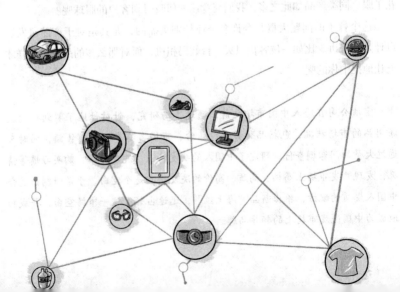

道容易堵塞，于是又生产出既能洗衣服，又能洗地瓜的"大地瓜"洗衣机，满足了这一细分市场的需求，迅速占领了当地的农村市场；海尔还对家用空调市场进行调查，发现随着住宅面积的不断增加，壁挂空调和柜机已不能满足所有居室的降温，于是提出"家用中央空调"的概念，开发出新产品，获得了良好的回报。

当然，需要注意的是，细分目标市场不是随心所欲地划分，而是需要先进行严格、周密的市场调研。

顾客购买的不是"产品"，而是一种心理需求的满足

20世纪80年代初，美国可口可乐公司想进入中国市场。起初，该公司高层人员对可口可乐能否占领中国市场信心不足。中国是个有悠久喝茶传统的国家，茶的味道和可口可乐毫无共同之处，中国消费者能接受可口可乐的味道吗？可口可乐公司先以免费试喝的方式在北京、上海、广州三大城市进行街头调查。但调查的结果令他们很失望，70%的人不能接受这种味道，说喝起来像咳嗽糖浆，很难喝，能接受的只有10%，还有20%的人没有表示明确的态度。就在可口可乐公司对中国市场几乎失去信心的时候，该公司一位高层人员运用换位思维，重新进行了一次免费试喝的街头调查。

可口可乐这位高层人员认为，因为中国长期处于封闭状态，所以一般民众对美国一无所知。要想让中国消费者接受可口可乐这一产品，就必须使中国消费者站在美国消费者的位置上看待可口可乐这一产品。因此，这位可口可乐高层人员在进行第二次街头免费试喝调查前，从宣传美国文化开始，突出可口可乐是美国文化的象征，是美国人几乎每天都要喝的饮料，美国人喝可口可乐喝了几十年，美国的科技、经济也飞速发展了几十年。这个广告暗示消费者，美国人是喝可口可乐长大的，是喝可口可乐聪明起来的，也是喝可口可乐发展起来的。

通过宣传，第二次调查结果和第一次截然相反，表示能接受的达到了70%，不

能接受的下降到20%，没有表示意见的占10%。可口可乐公司得到这一信息后信心大增，随后，他们就投入了大量的人力、物力、财力，在强大的宣传攻势下，将可口可乐打进了中国市场。从此，可口可乐的形象在中国消费者心目中与日俱增，很快它就横扫了中国饮料市场，成为中国市场中销量最大、最受欢迎的一种品牌饮料。

可口可乐的味道并没有变，只是因为宣传中多了美国文化的元素，满足了人们对美国元素稀缺的心理需求。这种理念也是星巴克咖啡、光合作用书房营销成功的一个灵魂支柱。星巴克的咖啡不一定比其他地方的好喝，但是它的小资情调深刻地影响了我们的文化触觉。但是正如他们内部人士所说的——星巴克，一切与咖啡无关。光合作用书房并不大，但是他们相信那些整天面对电脑屏和手机屏的顾客，一定会更加向往书店里提供的真实接触和自由行动的空间。因此它将书店与咖啡厅结合，但在盈利上并不强调咖啡厅，只在空间组合和功能配套上营造出咖啡厅的感觉，创造出一种"悦读"的氛围。无论你抱何种目的来到这里，都可以呼吸到来自"光合作用"的"氧气"。所以它在规模庞大、川流不息的大书城模式和方便低价的网上书店模式之外，创造了年销售额上亿的业绩，它所营造出的情调也成了20～40岁受过良好教育的都市人的休憩场所。它成功的原因就是淡化了"产品"这个概念，满足了人们的心灵需求。

抓住顾客的感性诉求，才能抓住顾客的心

爱情是永恒的主题，很多人为了爱可以不顾一切。在我们的印象中，一定有很多这样的故事，一个个很"傻"的女孩子，放弃了富裕、英俊或温柔潇洒的追求者，坚定地选择了可能是一无所有的爱人。为什么会这样？因为，人第一关注的永远是情感的需求。

　　目前企业面临诸多挑战，首先是产品创意，虽然新产品层出不穷，但只有20%～25%的产品能够获得成功；另一个挑战是消费者逐步成熟并日益个性化的消费观导致了激烈的市场竞争，每个细分市场都充满了实力强大的竞争对手，这给企业的品牌创新带来了很大的难度。如何突破这些障碍建立起持续的具有影响力的品牌？

　　调查发现，那些能够拴住消费者、与消费者联结起情感的品牌，才会成为真正的市场赢家。知名品牌专家艾伦·亚当森曾说过：消费者不会对枯燥的事实和数据产生亲近感，最佳品牌必须在情感层面而非理性层面上与消费者联系起来，这是品牌传播的立足点。消费者的情感是一直不断变化的，比如女性的裙子，从长到短，再到长、到短，这足以说明情感世界是在不断改变的。那些能够很好地跟和消费者

上这些变化将自己的情感联结起来的品牌，最终将打赢这场品牌情感战役。

　　在市场竞争的初级阶段，市场竞争成功的重要基点是产品的价格和质量，但在个性消费的新时代，物美价廉不再成为竞争优势。在未来的市场竞争中，那些善于思考、敢于冒险、追求创新的人，那些巧妙地掌握消费者情感心理的企业管理者，才能把握市场，主宰市场，获得最后的胜利。

　　温情商战是现代市场竞争的必然结果和表现形式。在当代的感性消费时代，一个明智的企业家必须适应时代的潮流，及时调整自己的产品结构，把产品的重点放在满足消费者情感需求的软性商品价值上。同时，还要千方百计地采用各种营销策略来适应消费者的个性需求。

　　现代市场营销理论认为，顺应感性消费时代的要求，就要求企业家独辟蹊径，在新的市场细分中寻找出路，从而以独特的魅力避开与对手的正面竞争。

第六篇

广告心理学

PART 01
契合消费者的心理定位

把握好情感定位，打动消费者的心

　　广告在以理服人的同时，更要以情动人。人人都有七情六欲，都有丰富的感情，包括亲情、爱情、友情等，企业要想让产品容易为顾客所理解、所喜爱、所接受，最好的形式是通过广告来传递感情，令大众产生心灵上的共鸣。

　　一天傍晚，一对老夫妇正在饭厅里静静地用餐，忽然电话铃响了，老妇人去另一个房间接电话，老先生在外边停下吃饭，侧耳倾听。一会儿，老妇人从房间里出来，默默无言地坐下。

　　老先生问："谁的电话？"老妇人回答："女儿打来的。"又问："有什么事？"回答："没有。"老先生惊奇地问："没事几千里地打来电话？"老妇呜咽道："她说她爱我们。"一阵沉默，两位老人泪水盈眶。这时旁白不失时机插入："贝尔电话，随时传递你的爱。"

　　这是一则美国贝尔电话公司十分成功的广告，它以脉脉温情打动了天下父母或即将成为父母、儿女的或曾为儿女的心。

　　贝尔电话广告的成功在于广告商在制定广告时考虑到了目标消费者的特定心态，从儿女与父母的感情入手，描绘、展现了一幅孝心浓浓、爱意浓浓的温馨和美丽动人的亲情画面，让我们时时体味那爱的簇拥，充分唤起了人们对家庭亲情的留恋、回忆、追求、憧憬。电话有线，亲情无限。贝尔电话连接着千家万户，沟通亲人们的心灵，缩短了亲人们的感情距离。

　　所以，一则以情动人的广告，要选择恰当的角度，将感情的定位把握好，以有效的手段强化、渲染产品所特有的情感色彩，以打动消费者的心。

　　消费心理学告诉我们，人们的心理状态直接影响到他们的购买趋向和选择。在物质生活特别丰富的今天，消费者购买商品已不仅限于满足基本的生活需要，心理因素左右其购买行为的情况变得突出起来。在广告中融入和产品相和谐、真实的情感，的确能够为产品被广大的消费者认同和接受创造更多的可能性。

　　创意源于生活，要做出好创意首先要研究目标消费者的心理，尤其是情感需求，然后将产品或品牌跟情感联系起来。好的创意没有限制，可以是生活中一个平凡的故事，也可以是天马行空想象出来的外太空的故事，但是广告中表达的情感一定要符合目标消费者的情感需求，广告中表现的人生态度也一定要符合目标消费者的心态和追求，这样才能引起目标消费者的兴趣。

　　在把握消费者情感定位的时候，我们应该注意以下几条：

一、一定要有真情实感，避免虚情假意

　　情感广告依靠的是以情动人，如果广告中没有真情实感，只有冠冕堂皇的空话或者虚情假意，那么这样的广告不做也罢。

二、把握感情的限度，避免广告中出现不道德的内容

　　中国传统的情感都是比较含蓄和内敛的，表达爱情的时候或许只是一个充满爱意的眼神或者是一个拥抱，远远没有西方人那样奔放。所以在学习西方创意的时候一定要把握好一个度的问题。

　　比如有一则可口可乐的广告是这样的：女主角在家里和男友

玩游戏机时，问男友是否想来一罐可口可乐。当她发现冰箱里只剩一罐可口可乐的时候，她决定和男友一起分享。但是男友竟然抢过可口可乐，准备自己一饮而尽。女主角愤怒之余，将自私的男友抛进窗外的游泳池，而她自己则站在窗口，独自享受着可口可乐。

该创意旨在告诉人们：现代年轻人对于生活中的一切都有自己的评判标准，不轻易妥协。但是我们中国人却很少能看出这个"不轻易妥协"的主题。相反的，大家看到的是一对年轻恋人为了一罐可乐而大打出手，女主角还将男友抛进游泳池，然后独自享受可乐。

三、避免文化的冲突

广告创意人员在做广告创意的时候，一定要先彻底了解当地的风俗人情，不要做出一个被消费者唾弃的广告，否则，不仅损害广告主的利益，也伤害了消费者的情感。

日本的某品牌汽车曾在中国犯了一个致命的错误，主要原因就是忽略了民族感情，忽略了历史和中国公民的民族精神。日本产品在中国销售原本一切都需要小心翼翼，但是那个品牌却偏偏犯了这样一个大忌，居然让中国代表王者的狮子给该品牌的汽车下跪，严重伤害了中华民族的感情。加上原本中日之间的微妙关系，因此该广告在媒体上一投放，立即掀起轩然大波，遭到无数消费者的反对，很快该广告就被禁止投放，并且制作广告的广告公司和广告主都在媒体上公开道歉，这次事件对该品牌汽车在中国市场上的销售自然起了很大的负面影响。

广告定位可以引导消费者的选择性

美国的万宝路香烟最初的时候是专为女人设计的，因为20世纪20年代的女人在抽烟的时候很讨厌香烟嘴弄污她们的唇膏，所以这款烟是从不损害女人唇膏的角度出发设计的。这款烟的内涵是：男人记得爱只是因为浪漫，广告的口号是"像五月的天气一样温和"。这种温情脉脉的定位从一开始就注定了无法满足男人的需求，所以尽管当时美国吸烟人

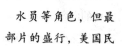

数每年都在上升，但万宝路的销量始终不好。

为了走出窘境，他们请了策划大师李奥·贝纳来排忧解难。李奥·贝纳经过周密地调查和反复的思考之后，提出了大胆的"重新定位"策略：将万宝路香烟由女人香烟改为男人香烟，让万宝路作为一种男子汉的香烟而吸引广大的男性烟民。为了找到一个具有阳刚之气的形象代言人，万宝路使用过邮递员、飞行员、伐木工、潜水员等角色，但最终锁定了西部牛仔。因为伴随着美国西部片的盛行，美国民众已经把牛仔当成了真正的英雄。

更难得的一点是，万宝路并没有使用演员扮演牛仔，而是一头扎进美国西部的各个大牧场去寻找真正的牛仔，直到有一天他们发现了自己要寻找的那个牛仔形象。不久之后，一个目光深沉、皮肤粗糙、浑身散发着粗犷、原始、野性、豪迈的男子汉气概的牛仔形象出现了。他袖管高高的卷起，露出多毛的手臂，手指间夹着一支冉冉冒烟的万宝路，跨着一匹雄壮的高头大马驰骋在辽阔的美国西部大草原。这种强大的视觉冲击力让男人都渴望的气概、女人都欣赏的性感形象从梦中走进了现实，那种梦想中的浪漫生活方式极大地满足了消费者的心理诉求，万宝路的销售额一下子飞速上升。

在李奥·贝纳为万宝路做了重新定位之后的第二年，万宝路香烟在美国香烟品牌中销量一跃排名第10位。到了1975年，万宝路香烟的销量超过了一直稳居首位的云斯顿香烟，坐上了美国烟草业的第一把交椅。从20世纪80年代中期一直到现在，万宝路香烟销量一直居世界香烟销量首位。世界上每被抽掉的4支香烟中，就有一支是万宝路。

万宝路的口味和品位都没有变，甚至连万宝路这个"像五月阳光一样温和"的充满了脂粉气的名字都没变，只是因为一个西部牛仔的广告就让万宝路成为英雄、浪漫和性感的代名词，满足了顾客心理层次上的需求，所以它几乎在兵不血刃之间就在竞争极为激烈残酷的烟草业中独占鳌头。

广告定位直接引导着消费者的选择性。广告定位，即通过广告诉求，确定你的企业或产品在目标受众心目中的位置。奥格威将它定义为："这个产品是要做什么，是给谁用的。"一旦定位确定，广告内容和表现风格以及由此形成的品牌形象也就基本确定了。许多企业虽然花了不少资金进行广告宣传，而宣传的内容却与产品本身相去甚远，有的自吹自擂，有的故弄玄虚，消费者如坠云里雾里，不知所云。这正是因为忽视广告主题定位所招致的结果。

广告定位的中心问题是使商品在消费者心目中确定一个位置。这种观念即完全把广告定位建立在对消费者的心理研究上，更加注重确立产品的独特地位。在市场上，充斥着大量的广告，他们通过各种方式来诱导消费者，目的就是促使消费者对产品产生选择性地购买。在这样的情况下，消费者的心理加工就会存在两个层面：一、他们会对众多的广告刺激进行自然过滤，对大多数广告定位没有反应，这是消费者的防御性心理机制在起作用；二、消费者要进行积极的选择性加工，寻找出能够满足自身需要的商品。明白这一点对营销者有好处，因为消费者的需求只有针对具体的对象，才会转化为消费动机，才有可能物化为购买行为。针对这一点，广告定位的作用应该是提供针对性诉求，引导消费者的购买心理向认牌购买方面转化，而广告定位提供的商品正是"您的最佳选择"。

找位，定位，到位，精准满足特定消费群的心理需求

对于什么是定位，人们的意见基本一致。定位是确定公司或产品在顾客或消费者心目中的形象和地位，这个形象和地位应该是与众不同的。但是，对于如何定位，可谓是"仁者见仁，智者见智"。绝大多数人认为，定位是给产品定位。

从1993年成立第一家合资公司——沈阳华润雪花啤酒有限公司，经过十余年的发展，已经快速发展到了36家工厂，并拥有了20多个地方性品牌，从产量不到20万吨发展到超过300万吨。

2004年1月，科特勒集团与华润啤酒宣告合作，进行雪花啤酒的全国性推广。合作之初，科特勒就指出，中国啤酒品牌缺乏"有情感价值的故事"，存在定位不明晰的软肋。

开展合作之后，雪花啤酒和科特勒营销集团共同成立的项目小组对雪花啤酒的品牌定位流程和方法进行了调研和考察。项目小组针对"雪花"啤酒在各个市场的品牌表现，以及消费者对它的认知情况进行了调查。具体包括"雪花"品牌在当地市场、消费者心目中的定义和看法。此调查在全国10个城市进行，包括沈阳、长春、哈尔滨、北京、天津、上海、武汉、合肥、成都、广州等城市。

调查显示，华东和华南市场对雪花的认知还比较少；沈阳是雪花啤酒的故乡，在该市，它是一个和很多消费者有深厚的感情的老品牌，并伴随着他们的每一步成长；在黑龙江，消费者认为它是一个从沈阳过来的老品牌，企业很有实力；在北京、上海的调查表明，虽然雪花在全国发展很快，但是在这两个市场并不多见；而在武汉、成都、合肥等城市的调查表明，雪花啤酒的成长快，实力强，可以和"成长"结合起来。

在品牌调查的基础上，项目小组进行定性调查，深入挖掘消费者内心深处的品牌故事，找到消费者对啤酒品牌以及对"雪花"品牌的认知，以及和成长概念的关联度，也包括"雪花"和竞争对手在情感上的关联度。

项目小组在6个城市做了12场消费者的定性研究座谈会。在品牌定位的流程推出后，随后在全国5个城市展开了测试，并进行了20场座谈会，以测试"雪花"的定位能否得到消费者认可，以及消费者心目中存在的情感故事。

经过全国各城市的调研之后，"雪花"啤酒的消费者被定位在了20～35岁的人群。他们最大的特点是每天都在成长，其情感生活中有成长带来的喜悦和满足。但针对这个年龄段人群的啤酒品牌仍然是空白，而他们又希望在生活中找到可以寄托情感的产品。所以"雪花"被定义为伴随这部分消费者成长的伙伴。

有了准确的定位，雪花啤酒再配合广告公司推出具有"成长"主题的广告。整个项目一直持续到将近一年，伴随着"雪花啤酒、畅享成长"的故事出笼而结束。

科特勒的品牌定位绝不是一则广告和一个故事那么简单。他帮助"雪花"找到了品牌定位的一种境界，即满足消费者的情感需求。科特勒指出，目前国内很多品牌还忙于追求物质价值阶段，没有意识品牌精神价值的重要性。精神层面的情感需求一旦在消费者的头脑里形成固定印象，并被认可的话，就会加深消费者对它的品牌忠诚度。

那么，如何为品牌找到满足品牌精神价值的定位呢？营销竞争实践表明，仅有产品定位已经不够了，必须从产品定位扩展至营销定位。营销定位需要解决三个问题：满足谁的需要？满足谁的什么需要？如何满足这些需要？我们可以将其归纳为三步营销定位法。

第一步，找位：满足谁的需要？即选择目标市场的过程。

在市场分化的今天，任何一家公司和任何一种产品的目标顾客都不可能是所有的人，同时也不是每位顾客都能给他带来正价值。事实上，诸多企业的营销成本并没有花在带来价值的顾客身上，浪费了大量的资金和人力。因此，裁减顾客与裁减成本一样重要。雪花啤酒将目标客户群定在20～35岁的人群，舍弃了其他年龄层的顾客，最大化了优秀顾客的价值。之后，我们需要进行第二步操作——定位。

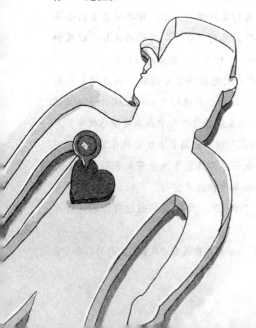

第二步，定位：满足谁的什么需要？即产品定位的过程。

产品定位过程是细分目标市场并进行子市场选择的过程。这里的细分目标市场与选择目标市场之前的细分市场不同，后者是细分整体市场，选择目标市场的过程，前者是对选择后的目标市场进行细分，在选择一个或几个目标子市场的过程。

如科特勒集团对雪花啤酒的定位，对目标市场的再细分，不是根据产品的类别进行，也不是根据消费者的表面特性来进行，而是根据顾客的价值来细分。顾客在购买产品时，总是为了获取某种产品的价值。产品价值组合是由产品功能组合实现的，不同的顾客对产品有着不同的价值诉求，这就要求厂商提供诉求点不同的产品。

第三步，到位：如何满足需要？即进行营销定位的过程。

在确定满足目标顾客的需要之后，你需要设计一个营销组合方案并实施这个方案，使定位到位。这不仅仅是品牌推广的过程，也是产品价格、渠道策略和沟通策略有机组合的过程。可见，整个营销过程，就是定位和到位的过程，到位也应该成为广义定位的内容之一。

实际上，到位过程也就是一个再定位的过程。因为在产品差异化很难实现时，必须通过营销差异化来定位，在今天，你推出任何一种新产品畅销不过一个月，就马上会有模仿品出现在市场上，而营销差异化要比产品模仿难得多。因此，仅有产品定位已经远远不够了，企业必须从产品定位扩展至整个营销的定位。

PART 02

选对广告的表现形态，激发受众共鸣心理

亲情广告，温情脉脉地包围消费者的心

麦当劳的红底黄字"M"招牌早已是都市的一道亮丽的风景线，无论你走在世界的任何一个角落，黄色"M"的身影都会闯入你的眼帘。

其实，细想起来，麦当劳并无过人之处。在快餐业竞争日趋激烈的今天，麦当劳之所以能称霸世界，赢得众人皆知的非凡地位，主要靠的是它的"秘密武器"——不是每家餐厅都有，却是每个顾客都需要的——温情感觉。

在麦当劳公司成立之初，麦当劳的广告宣传主题与大多数广告一样，集中表现的是产品和引用高科技、自动化的生产过程等，这也曾经引起许多顾客的兴趣。但是，精密电脑控制的生产线上不停制造的食品，服务人员机械呆板地忙碌操作，很快被人们所熟悉并令现代人产生厌倦，于是麦当劳的生意也趋于平淡。他们通过调查研究发现，仅仅依靠机械化快节奏，以节省用餐时间，是难以长久吸引顾客的，温情和家庭气氛才是顾客的永恒追求。

一直以来，麦当劳聚焦的都是以"三元家庭"为主的目标顾客群，广告宣传的销售诉求集中在"合家欢"上，并且成功地确立了"家庭"快餐的标杆品牌形象。麦当劳又是以"儿童"为对象启动家庭市场的，这种方式的巧妙

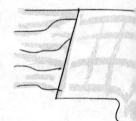

备受市场推崇。

麦当劳有一则广告"午餐吃什么？"图中房屋拐角放着一个书包，但书包的小主人不知道哪里去了。广告巧妙地将书包的两根背带很自然地"定格"在那里，天然地形成了一道金色的拱门，似乎书包用"哑语"暗示：小主人丢下它跑去吃麦当劳了。创意的诉求将书包和麦当劳的目标市场自然地结合在一起，用静止的书包呈现出的M字样和受众建立起了内在的联系，并留给受众无限的想象空间。

麦当劳的广告词紧紧围绕着"家庭"和"儿童"进行设计，先后使用过的广告词语是，"常常欢笑，尝尝麦当劳"，"欢乐、美味在麦当劳"，"麦当劳欢聚欢笑每一刻"构建了麦当劳一贯的欢乐、温暖、亲切的品牌形象。

麦当劳将温情注入了"M"之中，他们通过大量的广告宣传和促销活动，把温情送给了顾客，使顾客一看到黄色的"M"和麦当劳叔叔，就想到家，就想到温情。以情感人，使麦当劳获得了成功。

俗话说："谁拥有了孩子的心，谁就占有了市场。"麦当劳可谓深谙此道，营销策略采用攻"心"为上的亲情化营销策略，在创造温馨的家庭氛围和浪漫的美妙环境的同时，更贴近了顾客的心，从而顺利占领市场。

由于亲情先天带着温情，带着温暖，所以亲情广告往往在不经意之间就能让人升起暖暖的心动。在做亲情广告的时候要注意把握以下几点：

（1）主题要展现信息和创意，要有足够的吸引力。

（2）文学性的语言更能营造亲情的氛围。

（3）整个广告要有完整的信息和深度诉求，代言人的语言、性格、气质要与整个场景相符。

（4）亲情广告"情"字当先，但也不能游离于产品之外。

致力于沟通，而不是销售诉求

　　今天的耐克是家喻户晓的国际大品牌，而在耐克公司刚成立的时候，规模还很小，随时都有倒闭的可能。在短短几十年内耐克就迅速成长为大型的跨国集团，其市场占有率独占鳌头。在其迅速成长的背后有什么秘密呢？对此耐克创始人解释道：耐克公司注重沟通效果的广告，使耐克品牌深受众爱，迅速成长。

　　在1986年的一则耐克充气鞋垫的广告片中，耐克公司突破了一味宣传产品技术性能和优势的惯常手法，采用了一个崭新的创意：由代表和象征嬉皮士的著名甲壳虫乐队演奏的著名歌曲《革命》，在反叛图新的节奏、旋律中，一群穿戴耐克产品的美国人正如痴如醉地进行健身锻炼……这则广告准确地迎合了刚刚出现的健身运动的变革之风和时代新潮，给人以耳目一新的感觉。耐克公司原先一直采用杂志作为主要广告媒体，但自此以后，电视广告成为耐克的主要"发言人"，这一举措使得耐克广告更能适应其产品市场的新发展。

　　广告变法的成功，使得耐克公司的市场份额迅速增长，一举超过锐步公司成为运动鞋市场的新霸主，耐克的长期竞争对手锐步公司也不得不跟着效仿，像耐克一样强调沟通风格而不仅仅是产品功能，同时锐步公司改用ChiatDay公司作为广告代理商，以图重振昔日雄风。然而，这一切均无济于事，抢先一步的耐克公司产品的风格和优点已在消费者心中占据了不可动摇的地位。

　　耐克广告变法的成功为其赢得了市场和消费者，但更重要的是耐克公司在变革中，逐渐掌握了广告沟通艺术，形成自

己独特的广告思想和策略——须致力于沟通，而不是销售诉求。这一策略与大多数美国公司的广告策略是根本不同的，但正是这一独特的策略和做法，使得耐克公司在市场中不断成功，迅速成长。

由此可见，在商品同质化、消费个性化日益成为趋势的今天，这就要求企业要通过各种方式及时、充分地向消费者提供关于产品的信息，以引起消费者的购买行为。而一则成功的广告无疑显得尤为重要。

那么，什么样的广告才算是成功呢？这就要求其符合三个标准：

第一，要引起目标消费者共鸣，进而引起销售热潮。

第二，一个好的广告要有一个直接的、清晰的观点。很多企业高层，希望在一个仅仅15秒的广告里面放上几十个想要表达的东西，其实这就会造成信息传达的模糊、不准确。消费者很难记住你到底想说什么。

第三，一个好的广告一定要在创意表现形式上战胜竞争对手。

把握这三点，才能让你的广告一鸣惊人，使你的产品深入人心，最终成为同类产品中的赢家。

选择合适的代言人，利用名人效应获取消费者认同

由于名人具有一定的公信力和偶像影响，消费者往往会对名人产生崇拜、信赖或者是消费观念上的追随心理，这种心理就是所谓的"名人效应"。企业可以利用消费者的这种心理来促进产品的销售，这是一种有效的"借势"促销手段。能够消除一般消费者的提防心理，因此名人宣传的效果远远大于一般的宣传效果。

作为国际上著名的体育运动品牌，阿迪达斯运动用品系列早已家喻户晓。每当打开电视机，观看精彩的体育节目时，你一定会注意到那些蜚声体坛、名闻全球的著名运动员大多数穿的都是各种颜色鲜艳、款式新颖、带有三瓣叶图案的运动衣——这就是阿迪达斯运动系列服装。

　　为了保持公司产品的世界知名度，阿迪达斯公司往往不惜血本，用巨额资金请来世界著名运动员对产品做广告宣传。阿迪达斯公司每年都要把产品总量的3%～6%无偿赠送给世界各个国家的著名运动员和体育团体。

　　早在1936年柏林奥运会时，阿迪达斯公司就开始采用了这种促销策略。当时，阿迪达斯公司刚刚发明了一种新的短跑运动鞋。为了打开这种新鞋的市场，阿迪达斯公司将眼光瞄向了美国著名的短跑名将欧文斯。因为欧文斯在最近几年的田径赛场上几乎战无不胜，取得了令人瞩目的成就，如果能够和欧文斯签订协议，让他穿上阿迪达斯公司的跑鞋参加比赛，一旦欧文斯获得冠军，那么阿迪达斯公司就可以向世界宣称是自己公司的产品助了欧文斯一臂之力。经过联系，阿迪达斯公司终于和欧文斯签订了协议。结果，欧文斯一举夺得四枚短跑金牌，成为奥运会田径赛场引人注目的明星。这样，阿迪达斯公司的新跑鞋成为体育爱好者的抢手货，立即畅销全球。

　　在1984年，阿迪达斯公司又给世界著名网球明星兰顿50万美元的巨款，作为他在比赛时穿用阿迪达斯网球鞋的比赛报酬。

　　通过借助体育明星的宣传，阿迪达斯公司虽然支付了巨额费用，但是这些付出给公司所带来的回报却是无法估量的。它不仅帮助阿迪达斯公司推销出去不计其数的运动服、运动鞋、运动帽等运动系列服饰，更重要的是，阿迪达斯公司向世界各国消费者宣传了自己的品牌，使阿迪达斯产品成为全球著名的品牌，也正是这一著名品牌为阿迪达斯公司带来了更大的收益、更响的名气、更兴旺的生意。

　　名人对运动产品有特别的效应，所以阿迪达斯不惜血本聘请世界著名运动员做宣传广告，最终为公司迎来了更大的收获。由此可见，对于企业促销来讲，最重要的是充分利用名人效应，发挥名人在普通消费者心目中的地位和影响，引导消费者认可和接受企业的产品，最终达到产品促销的目的。

　　但是要注意的是，名人对于企业来说也是一把双刃剑，应该慎重行事，如果运用失当，其负面效应更不可低估，对此应当清醒地认识和把握。选择合适的代言人是广告成功的关键。一般说来，好的形象代言人要有如下特征：

　　（1）有较高的社会知名度和美誉度。一定程度上说，名人知名度的高低同广告效果的大小是成正比的，而名人的美誉度会给人以信任感，产品借名人扬名，名人与产品相得益彰。

（2）名人与所宣传的产品之间应该具有某种关联性，能建立一种名人形象与产品形象的和谐关系。

（3）慎重考虑名人本身的形象、特长、个性魅力等，是否与广告所要沟通的目标消费群相和谐。

第 七 篇

创业经营心理学

PART 01
别把野心当梦想

后悔总在错失时，做事犹豫不决

　　20世纪末，空调大战刚结束，张近东就召集公司骨干开了一次长期的封闭式会议，其主题是：充分研究连锁业态的发展、网络拓展的方向，同时对过去连锁探索过程中的一些问题做出总结。其间，还专门请外部专家来谈互联网和无店铺销售的问题……事实上，正是这次会议的决策造就了今天苏宁的辉煌和未来苏宁的希望。

　　早在此之前，张近东就敏锐地发现并提出中国的商业即将进入"终端为王"的时代，谁掌握了零售渠道，谁就扼住了市场的咽喉。对经销商而言，谁拥有终端网络，谁就能获得经济发展的优势，谁就拥有对市场的掌控能力。从市场角度看，从生产到消费应当有个完整的行业配套和供应链体系。而构建这个逆向物流网络的最佳方式就是建立大规模的零售终端体系，而建立大规模的零售终端体系的方法就是连锁。也就是说，在新形势下，苏宁做大、做强的最佳途径就是全力发展连锁经营。

　　于是，没过多久，张近东便开始着手全面制定和大规模实施全国连锁经营战略。可是，这时的苏宁刚从单一的空调批发转向综合家电零售，现在又要马不停蹄地转向全国性连锁经营。对此，社会上很多人都不理解，认为张近东"胆子忒大"，根本不考虑市场规律。就是苏宁内部人员中也有许多人不理解：有人担心苏宁缺乏进行全国性推广的基础；也有人认为，在国内特别是业内还没有成熟的经验，苏宁率先去做，风险太大，应该再等等看……针对这种情况，张近东果断做出决定：全力搞连锁经营，谁要不配合，就"杀"谁！

最终，苏宁全国连锁经营的大决策就在张近东的当机立断下被敲定，而苏宁电器也最终迎来了又一次的飞跃。

机遇总是转瞬即逝。在机遇面前是否能果敢地进行科学决策，对企业的成败起着至关重要甚至是决定性的作用。中国儒家讲求"天时、地利、人和"，兵家讲求"势"，道家讲求"道"，这些都是在说，良好的机遇至关重要，一个优秀的管理者在机遇降临时要学会冷静分析，果断将其抓住。

古语有云：当断不断，反受其乱。对于一个管理者来说，必定有千头万绪的事情等着他做出有效而且迅速的决断。面对这种情况，我们有些管理者，总是感到力不从心，下决断时犹豫不决，抓不住机遇。因为错失了机遇，所以执行决策时收不到良好的效果。这时，他们总是非常遗憾地说："早一点做决断就好了。"一流的管理者之所以能够成功，就是因为他们明白：遇事要冷静，当机要立断，否则将造成无法挽回的损失。

总之，决策需要承担风险，开始决策时难免会做出错误的选择，但是，只要在51%的时间里判断正确就总比无所事事强得多。要养成思考设疑的习

惯，对日常工作中遇到的每个问题多问几个为什么，考虑这样处理还会出现什么问题，然后从实际出发逐一加以解决。能够经常做到思考设疑，不但会防止决策工作中的简单粗率，而且长此以往，会渐渐激发出创造力。通过多次实践会提高判断力，提高做出正确决策的能力，最终使绝大部分时间里所做的决策准确无误。

自己吓死自己，做事缺乏冒险精神

　　创业本身就是在进行冒险，其失败率是很高的。在美国，每年有几十万人开公司，每年也有几十万家公司倒闭。常常有人说，创业的成功率小于癌症的治愈率，是不无道理的。在市场经济大潮中，机会与风险共存。立志创业，必须敢闯敢干，有胆有识，才能变理想为现实。

　　走近富豪，我们发现，冒险精神几乎已经成了每个财富故事里必不可少的英雄的宝剑，也许是有意识狂赌未来，期待更大的收益（因为收获总是与风险成正比），也许只是命运的车轮迫使这些财富英雄不得不挑战极限。几乎可以这样认为，冒险精神已经融入了这些富豪们的血液。他们就像丛林中的豹子，一有机会，就会蹿出去，一拼到底。

　　成功的创业者都是冒险者。万科公司的董事长王石以及搜狐公司董事局主席、CEO张朝阳，以登山队员的身份屡屡出现在媒体上，从出征到凯旋，公众的焦点屡屡集中在他们身上。很多人认为这是扩大企业品牌知名度和提升企业形象的宣传和炒作。但是，实际上之所以他们选择登山，并不是出自宣传公司之需要，完全是因为自身的冒险天性使然。

　　市场就是一种竞争经济，竞争就是非胜即败。"逆水行舟，不进则退"，从这个意义上说，风险是不可避免的。不敢冒险，其实也是一种消极冒险。在市场经济中不可能完全克服经济因素中的自发因素，生产经营中的风险就是客观存在的。因此，冒险精神仍然应该是我们的一种时代精神。

　　想冒险，就不要害怕失败。愈是称得上冒险的行为，失败的可能性就愈大。其实，敢于冒险，就是敢冒失败的危险。事物发展的客观规律一再证明，成功和失败像一对孪生兄弟，如果只许成功降临不许失败诞生，也就等于扼杀了成功。一个外国企业家一语中的地说："畏惧错误，就是毁灭进步。"

　　当然，这里说的冒险并不是像赌徒那样，完全把宝押在"运气"上。冒险不是靠碰运气，而是靠理智。倘若一点可能性也没有，就冒失轻率地干起来，这就不是冒险，而是盲动，有时简直近于自杀。冒险立在科学分析、理智思考和周密准备的基础之上。古人云："六十算以上为多算，六十算以下为少算。"因此，有60%以上的把握，就应当当机立断，敢于大胆地去行动。

缺乏坚韧，成了见锤就弯的钉子

创业者找到自己认为正确的方向，便开始了艰难的打拼，这就是一种不畏困难的坚韧的品质；面对失败的打击，创业者能够积极地反思，从而发现自身的不足，重新站起来，这就是坚韧的品质。因此可以说，坚韧是一个创业者应该具备的品质。在创业的道路上有太多困难险阻，只有坚韧，才能一直向着自己的目标，勇往直前。

在电视剧《士兵突击》中有这样一个场景：

钢七连被整编了，战友走了，只剩下许三多和连长。偌大个连队，瞬时空空如也，除了黑暗就是寂静，还有飘浮在空气里的压抑，几乎要把人压得喘不上气，它似乎在体内向外膨胀，却又找不到溢出的缝隙。

许三多在那一晚，精神经历了一番前所未有的磨砺。从进入钢七连的那一天起，许三多就在承受着超于他人数倍的压力。从史今退伍，自己被迫当了代理班长，到战友陆陆续续地复员、调离，许三多经历了一次又一次重创。今天的自己，又该何去何从？许三多感觉自己被掏空了，哪怕是一棵小小的稻草都有可能将自己压趴。

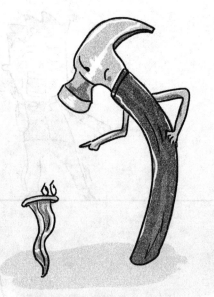

伍六一临走时留下的明信片就在手边，他说："班长说，顶不住了就给他写信。"

许三多想了又想，终于落笔："班长，六一说顶不住就给你写信，我早顶不住了……"

怔了一会儿，又换了张信纸："六一说顶不住就给你写信，不知道该不该写，因为我不知道还能不能顶住……"

最后，许三多收起了信纸，放弃了写信的打算，他说："那天晚上明白一件事，顶得住和顶不住是个选择题，我们没有选择顶不住的权利，这个答案在入伍第一天就已经定下了。

许三多知道自己别无选择，他只能挺起不算宽阔的胸膛，直起不算挺拔的脊梁，逼着自己去担当。士兵就应该这样，优秀的人士就应该这样。

压力一定存在，重要的是你能不能以一颗坚强的心去面对，就像与许三多一起当兵的老乡成才所说的那样："世界上没有能喝的人，只有能扛的人。"扛起来了，就能挺过去；扛不起来，就很有可能一败涂地。

试问哪一个创业者不是承受了各方的压力，最终超越压力，甚至将压力巧妙地转换为动力而获得成功的？

创业者要能坚持自己的信念和目标：在其他同行走上迷途的时候，创业者要能有清醒的认识，不为眼前小利所动，不做昧良心的产品；更为重要的是，要能耐得住寂寞，静心做技术和产品的创新，稳扎稳打，夯实企业发展的根基。创业者应该把企业当成实践人生理想的平台，而不仅仅是谋利的机器。虽然企业的本质是盈利，但凡是成功的企业，都是具有信念的企业。坚持信念和盈利并不矛盾，只有坚持信念，专注目标，才会获得竞争优势，从而获得利润。

PART 02
"小本钱"创业的心理策略

充分发挥自己的特长

42岁的天津人赵玉娟，原是天津一家商业公司的职工，因企业改建拆迁而下岗。

正当壮年，上有老下有小，却无事在家，不仅生活困难，连心理都失去了平衡。赵玉娟苦恼过、彷徨过，都无济于事。最后，她明白了一个道理：等待不如自己找出路。

决定靠自己走出困境的赵玉娟，仔细掂量自己的长、短处：下过乡，在黑龙江建设兵团受过锻炼，后来又干过20多年炊事员，能吃苦，有经验，何不用己所长，在吃上做些文章呢？但眼下自己是一无资金、二无店堂，只有一双手，这是短处。

干别的不行，干个便民服务摊，蒸包子卖，总还行得通吧？

赵玉娟将自己的想法跟几个下岗姐妹一合计，大家都赞同，几个人准备跟着赵玉娟一起干。她们自己动手钉板凳、打炉子、做小车、搭棚子，也办好了营业执照。

一切准备就绪后，她们在电报大楼南侧的楼群里，收拾好铺面，打出了"四平包子铺"的招牌。

赵玉娟和她的姐妹以诚待客，诚实经商，她们做的包子个大、味好，价格公道，很快就得到了周围居民的认可和称道。

"四平包子铺"开张几个月后，赵玉娟的包子成为这一带的"抢手货"。附近的职工、上学的学生，连途经此地的司机，都爱上这里吃包子，有时买包子吃的顾客排起了长龙……

赵玉娟也因"四平包子铺"成为远近闻名的新闻人物。因诚实经商得到"上帝"认可的赵玉娟很有感触地说："我是从失业走过来的，深知下岗的滋味。只要用好自己的经历，看准门路，下定决心，没有办不成的事情。"

从上述事例可以看出，"投资小"根本不是发展的障碍。只要在自己熟悉的领域中创业，发挥自己的强势和长处，勇于在市场中搏击，财富大门往往会应声而开。

德鲁克曾说："不要在你不太擅长的领域花费力气。对于你不太擅长的领域，尽量避免花费力气，因为要从'不太胜任'进步到'马马虎虎'，其中所花费的力气和工夫，要远多于从'一流表现'提升到'卓越优秀'。"

特长是一个人最熟悉、最擅长的某种技艺，它最容易表现一个人在某一方面的能力和才华，事实证明，能够发挥你特长的事业是你最容易取得成功的事业。因此，当你选择了事业时，也就意味着你已经在创业的道路上步入了成功的开端。那么，如何将特长作为你创业时的根据呢？

一、清楚你有哪些特长

无论你的特长是不是你的爱好，你都要清清楚楚地了解它。有些人可能会说：我什么特长也没有，就像我没有任何爱好一样。这些人其实并不真正了解自己，因为不管是什么人，他都有一定的特长，没有任何特长的人是没有的，只要你认真地去发现和挖掘，你就会在某一个早晨突然发现自己的特长，比如你善于唱歌，你善于写作，你会使用电脑，或者你很有力气，或者你善于用人等。不要小看这些特长，它有时会使你获得意想不到的收获。

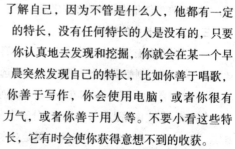

所以，在你走向创业之路之前，你首先就要尽可能诚实并客观地回答这样一个简单的问题：我究竟有哪方面的特长？我的这些特长能作为我创业时的依据吗？了解了自己的特长，并确定这些特长是否就是你的爱好，你就可以很从容地对你将要从事的事业做出选择了。想一想你周围的或从书上读到的经验，有很多人似乎都是在创业活动中发挥了自己的特长。你如果想成功，就应该向他们学习。

二、把本职工作变成你的特长

你的本职工作也许并不是你的爱好所在，但你在本职工作岗位上工作了几年，对你来说，这项工作是你最熟悉、最了解的工作，闭上眼睛你也会将你的本职工作如数家珍一样说得一清二楚。因此，在你创业的时候，最好的办法是将创业与本职工作结合起来，将本职工作变成你的特长。特别是那些没有其他明显特长的人，本职工作就是你最大的特长。

但是，一些创业的人往往忽视了本职工作的有利条件，完全抛开本职工作去创业，现成的方便白白扔掉。而另有一些人，一旦有了好主意，就迫不及待地放弃原有的工作，把全部精力都集中于创业。他们资金不足，缺乏经验，却踌躇满志，没几个月，他们就会大失所望，因为他们的特长不能得到发挥。因此，聪明的人在选择创业时，应该学会以本职工作为参照，致力于从本职工作中发现机会。事实上，许多创业的好念头都来自于你的工作和经历，这也是许多创业致富者的经验之谈。

三、选择特长中的特长

一个人往往具有许多方面的特长，比如你喜欢给杂志社写文章、擅长进行商业咨询，以及进行划船或生物学研究等。你在选择创业时，往往觉得有些眼花缭乱，你可能将自己所有的特长都在心中设计成创业的各种方案，对你来说，要在这多个方案中做出优化选择似乎并不十分容易，你往往在这些方案中犹豫不决。其实，仔细想想，你选择方案的过程，就是对你自己的选择过程，即在你许多方面的特长中，选择你最大的特长，即特长中的特长。这样，你就会尽快把你的最大特长转化为创业创收，因为你终于在众多的方案中做出了选择，而一旦你的这一选择在实践中获得成功，你就会从此在创业致富的道路上不断走下去。

什么是特长中的特长呢？就是最能体现你的创造力的特长，它不是仅仅为你所熟悉的某种手艺或某一方面的知识，还包含着你的兴趣，如果你在选择创业时，将你最感兴趣的，能体现你的创造力的特长作为首要选择的目标，那么，你的创业就不会轻易失败。

另外，在多种特长中，你选择了你最大的特长作为你的创业之始，你会由于自己的特长得到了淋漓尽致的发挥而处于高度兴奋之中，你的灵感会不断地涌现出来，从而使你不断地创造出能够为你赚取金钱的好主意。而且，你的创造力越是丰富，获得新的创意的可能性也就越大，而新的创意又会促使你走向富裕。

如何选择创业，并没有统一不变的固定模式，不同的人，所处的社会环境不同，选择创业的标准也不同。创业的选择，不仅仅是一个理论问题，而更重要的是一个实践问题。当然，创业的选择还有许多应该考虑的因素，例如社会风尚、国家关于创业的有关法律条文和你个人的投资能力、资金状况等。这些因素都是在选择创业时应该予以考虑的。实践证明，在"八仙过海，各显神通"的创业大潮中，凡有一技之长而为社会所需求者往往独占鳌头。

从做小事起步，由求小利做起

世界闻名的大企业家摩托车大王本田宗一郎和电器业大王松下幸之助在一次会面时，本田宗一郎对松下说："先有一个小目标，向它挑战，把它解决之后，再集中全力向大一点的目标挑战。把它完全征服之后，再进一步建立更大的目标，然后再向它展开激烈的攻击。这样苦苦搏击数十年，这样辛辛苦苦从山脚一步一步坚实而稳定地攀登，不知何时，我已成为了全世界的摩托车大王。"

松下幸之助说："我也是从小事、小生意勤勤恳恳做起，才奠下现在的基础。我常对员工们说：'想从事发明，必须先从身边的小发明入手；想做大事，必须从身边的小事做起。'丰臣秀吉（400多年前统治日本的英雄人物）在田信长旗下当一名看草鞋小卒（带着主人的草鞋跟从主人的小卒）时，他并没有妄想要统治日本呀！他只想：'我非成为日本最好的看草鞋小卒不可！'因为他对工作有热忱，对琐碎小事不掉以轻心，情愿在卑贱的职位上竭尽全力，发挥一己所能，因此这位小卒终于成为君临天下的大人物了。丰臣秀吉可作为我们的榜样，也可作为我们的指南针。"

这两位出身贫寒、只受过小学教育、曾以小资本投资者身份创业求富的人，今天已成为日本乃至世界既成功又受人爱戴的大企业家，他们的观念和做法几乎完全相同。他们都是从小本经商做起，经过一点一滴的努力，才汇集成现在的成果，建筑起自己的王国。

经济生活中有这样一条规律，风险与收益是成正比的。一般来说，风险大，收益也大，风险小，收益也小，这是不难理解的。通常一些前景不明确、利润情况不确定的行业或产品，资源投入量也不会大，提供的产品和服务必然供不应求，价格必然高于价值，收益也大。但是，正由于前景不明确，利润不确定，也可能投入资金而没有收益，这正是大多数人望而却步的原因。

对于已经有了一定基础，且有多项业务的公司，为了赢得较多的利润，有时冒点险是必要的，也是可以承受的。因为企业有了较大规模和较多资金，只要不是孤注一掷，贴点钱是不会导致破产的。如果企业搞的是多元化经营，东方不亮西方亮，这儿赔了，那儿却赚了，企业还可以存活下去。但是，对于下岗的人们来说，应该是尽量避免做风险大的事情，而应该将为数不多的有限资金投于风险小、规模也较小的事业中去，先赚小钱，再赚大钱，聚沙成塔，集腋成裘，滚动发展，等资金雄厚了，再干大事业。

"借鸡生蛋"，借钱赚钱

有个写报告文学的作家，几篇报告文学都深入描写了人们关心的社会问题，如乞丐群落、买卖人口、黑社会等，引起了社会反响。以前，这位作家是把稿子给杂志或出版社，作者只拿一般标准或较高的稿费，一本书收入不过几千元，而出版社出版他的作品动辄赚几万元甚至几十万元。现在这位作家不这样干了，他写好一本书以后，与出版社谈妥，由出版社发征订单，负责印刷、发行，除了预付作者稿费外，发行量超过一定数额后所获利润按比例分成。比如出版社得70%，作者得30%。这样，一本畅销书，作者所获收入不是几千元，而是几万元，甚至达十几万元。

这样，作者不用担风险，不垫资金，参与图书经营，收入大大增加。这就是一种"借鸡生蛋"的形式。

刚刚创业的人们，资金来源主要是多年的积蓄，一般资金力量比较小，有时看准了机会，自己也没有力量去干。在这些情况下，创业者虽没有资金，却可用技术、信息、销售渠道、关系、智慧、思想作股本与人合作，得利后按一定比例分成。这样，虽然不如自己投资干获利大，却可以不担风险，也不受自己资金数量的限制。

再比如，有的人掌握一种新产品的专利技术或者一种好的主意，与企业谈判，把技术和好的主意给企业，由企业垫付资金进行产品开发，或把新的经营主张付诸实施，获利后与企业分成。

1992年北京有几家报纸报道了一位大学毕业生靠卖主意成了万元户的消息。文章写道，有家生产塑料水杯的企业产品滞销，仓库里积压了几十万只，企业面临倒闭的威胁。这个厂的厂长请来这位"智多星"寻找摆脱困难的方法。这位年轻人告诉厂长，在塑料水杯上印上铁路沿线各站的站名及各次列车的车站到站、离站时间，然后与铁路部门联系。结果厂家与铁路部门联系后，铁路部门马上定购了一批，很快卖完了，与此同时，列车上饮料的销售量也大大增加。铁路部门主动与这家企业联系，希望长期提供这种水杯。在很短的时间内，企业扭亏为盈，当月盈利50万元。事后，企业的厂长亲自将5万元现金交给这位年轻人，并要他长期担任企业的顾问。

很多商人依靠自己的智慧与才干，依靠借来的钱与势在各地的商战中横刀立马，闯出了自己的天下。他们相信：借船出海，就能突破资金瓶颈的桎梏；长袖善舞，良好的沟通策略能够打通闭塞的消息渠道；他山之石，也能成为自己财富帝国的一块地基。

市场变化如风起云涌，群雄混战之际，市场格局每时每刻都在发生变化，但一名懂得借钱、借势、借名、借才、借智的商人，在任何时候、任何场合都会有立足之地。

PART 03
创业需要心理谋划

战略谋划是创业者腾飞的智慧羽翼

战略谋划决定着创业的目标和发展方向，制约着创业活动顺利而健康的展开，谋求着长远的经济效益和整体的最优化。它是创业者腾飞的智慧羽翼。

战略谋划不仅对企业涉及全局的重大问题具有决定性意义，而且对企业的局部问题和日常性管理工作具有牵动、指导和规范的作用。战略谋划的广泛作用对现代企业家有着强烈的吸引力。具体可以归纳为以下几个方面：

一、使企业顺利、快速成长

通过制定战略规划可以使企业经营者对企业当前和长远发展的经营环境、经营方向和经营能力，有一个全面正确的认识，全面了解企业自身的优势和劣势、机会和威胁，做到"知己知彼"，采取相应办法，从而把握机会，利用机会，扬长避短，求得生存和发展。

二、提高生产经营的目的性

管理学中有一个公式：工作成绩＝目标×效率。西方学者认为"做对的事情"要比"把事情做对"重要。因为"把事情做对"是个效率问题，而从一开始就设立正确目标，"做对的事情"才是真正的关键。战略规划就像战争中的战略部署，在开战之前，就基本决定了成败。因而中国古代兵书有"运筹帷幄，决胜千里"之说。制定战略规划，就使企业有了发展的总纲，有了奋斗的目标，就可以进行人力、物力、财力以及信息和文化资源的优化配置，创造相对优势，解决关键问题，以保证生产经营战略目标的实现。

三、增强管理活力，降低经营风险

实行战略管理，就可以围绕企业经营目标进行组织等方面的相应调整，理顺内部的各种关系；还可以顺应外部的环境变化，审时度势，正确处理企业目标与国家政策、产品方向与市场需求、生产与销售、竞争与联合等一系列关系。

四、提高企业家素质

实施战略谋划，使企业家能够集中精力于企业环境分析，思考和确定企业经营战略目标、战略思想、战略方针、战略措施等带有全局性的问题，造就一大批社会主义企业家和战略人才。

创业者为了更好地运用战略谋划来塑造创业的宏伟蓝图，还必须掌握战略谋划的本质特征，具体表现为如下4个方面：

（1）全局性。战略管理必须以企业全局为对象，根据企业总体发展的需要而规定企业的总体行动，从全局出发去实现对局部的指导，使局部得到最优的结果，保证全局目标的实现。

（2）长远性。战略谋划着眼于未来，对较长时期内（5年以上）企业如何生存和发展进行通盘筹划，以实现其较快发展和较大成长。面对激烈复杂的市场竞争环境，任何组织若没有超前的战略部署，那么，其生存和发展就要受到影响。

（3）关键性。关键性又称重点针对性，是指那些对企业总体目标的实现起决定性作用的因素和环节。战略讲究的是环境的机会和威胁、自身的优势和劣势。要找寻敌弱我强的地方下手，或是在敌强我弱的地方防范。实施战略谋划，就是要抓住机会，创造相对优势，增强企业的竞争实力。

（4）权变性。即指善于随机应变而不为成见所囿的适时调整、灵活机动的能力。任何企业在其成长过程中，总是要受到诸多方面因素的影响，并随内外部环境的变化而变化。这就要求企业经营者根据实际情况的变化，变换策略，调整计划，修正战略，把战略贯彻于现实行动之中，以不断适应未来的多变性。

另外，战略谋划本身就是一个动态过程。由于企业战略具有长远性，必须经过一定时期的努力，才能最终实现企业的战略目标，不可能毕其功于一役。同时，战略管理又可分为战略制定、战略实施、战略控制等不同阶段，其中每一阶段又包含若干步骤。因而，战略管理过程的各个阶段和步骤是不断循环和持续的，是一个连续不断地分析、规划与行动的过程。这就对战略管理者提出了更高的要求，特别是面临新的变幻莫测的国际经济竞争，开拓进取，求变创新，制定和实施适应性应变战略，已成为现代管理者的当务之急。

思路多维，用立体构想建筑财富大厦

宗庆后曾被美国《财富》杂志连续3年评上"中国十大富豪"之一。作为"娃哈哈"企业的创始人，他把"娃哈哈"从一无所有发展到中国最大的饮料企业，使之家喻户晓。宗庆后在国内大部分企业不敢涉足碳酸饮料的情况下，踏进"雷区"，推出非常可乐，结果一炮打响。宗庆后作为一个企业管理者，逐渐成为一个接近炉火纯青的得"道"的企业家了。

非常可乐的走红，是宗庆后"想人不敢想，为人不敢为"的多维思路及立体构想经营思路又一次成功的实例。"娃哈哈"企业中的一位中层管理干部说，非常可乐的问世，有90%的功劳是宗庆后的。

当初，几乎没有人看好这一产品，反对者的理由非常充分：中国企业20世纪80年代就开始生产可乐，但被洋可乐"水淹七军"，几乎全军覆没。而如今，洋可乐"领"足国内市场，"可口可乐"与"百事可乐"分别以57.6%和21.3%的份额几乎垄断了我国的可乐市场。这个时候想"分一瓢饮"，无异于与虎争食，以至于在1998年5月非常可乐上市之初，舆论界悲观预测："非常可乐非死不可！"

企业内部，不赞成非常可乐上生产线的意见不在少数。企业形势那么好，而且上生产线意味着几千万甚至上亿元的投入，很有可能倒下，做了"两乐"的垫脚石。

而宗庆后却义无反顾地推出了非常可乐。他看到了硝烟弥漫的市场背后——全球碳酸饮料销量有一半是可乐，而国内这个比例只有四分之一，巨大的市场容量意味着诱人的商机。

宗庆后的自信是有依据的：他拥有品牌的巨大号召力，拥有庞大而灵敏的销售系统，拥有高起点的设备和技术。事实上，非常可乐从1996年就开始有了"腹稿"，谋定而后动，结果一炮打响。

随着投资上亿元的七条新生产线在1999年底前上马，非常可乐的年产量达100万吨。这个数字基本上是可口可乐在中国销量的一半。宗庆后认为，中外可乐大战将在年底真正展开，而次年将有可能正面短兵相接。

非常可乐能否最终赶上甚至超越洋可乐还需要时间来检验。但非常可乐的亮相，第一次将娃哈哈企业摆到了与跨国大公司面对面较量的赛场上。其实不仅如此，宗庆后说："其实我们早已兵不血刃地打赢了几场局部战役。因为跨国饮料企业的奶、水等产品规模也很大，可由于我们的同类产品太强大，国际同行根本无法和我们抗衡，只好知难而退。"

宗庆后认为，非常可乐另一个有意义的启示是走向世界并不一定非走出国门不可，因为在开放的市场中，国内市场就是国际市场，就是品牌、资金、技术、管理的竞争。如果连杀到家门口的国际同行都抵挡不了，还有什么力量去国外跟人家拼？

娃哈哈企业有两个著名的"零"人尽皆知，那就是"零库存"和"零负债"，产品畅销到可以不用仓库倒还可以理解，"零负债"就让人看不明白了。因为不借债并不等于最好的经营思路，专家提倡的是合理的负债率。为什么娃哈哈企业却拒绝这种现代经营中最为常见的做法呢？

宗庆后自有着独特的思路。娃哈哈企业从创立到现在都一直实行"零负债"经营。因为一方面投资回款率较高，企业自身积累已经够用；另一个很重要的方面是娃哈哈企业多年来奉行"有多少能力办多少事"的原则，坚持不借债就是防止头脑发热而盲目决策的一个办法。

因为具有"不借债"的实力，他们与法国达能集团合资谈判时气就粗了。很多企业中外合资时往往饮恨蒙尘，可娃哈哈企业却大长了民族品牌的志气。不仅合资公司继续打"娃哈哈"品牌，且娃哈哈企业收取了对方1亿元的商标使用费。

现在看来，假如当初决定实行的是前一种选择，谁也不知道现在的"娃哈哈"会是一种什么样子。

宗庆后这样回忆当初的决策经过：前一种选择涉及的门类很多，不管对他个人还是整个企业都不太适应。事实证明他们的选择是正确的，专业化的发展促进了生产经营的专业化，形成了规模，提高了在行业中的竞争力，使企业在行业中实行优势经营，也避免了多种经营的失误。

一念之差的选择决定了企业的生存之道！然而细究之下，两种选择实际上代表了两种截然不同的多元经营思路。

发展儿童产品，包括吃、穿、玩具、文具等，是一种典型的"多元化"思路，四面出击，八面开花，各个行业都插上一手，想拿"全能金牌"，结果却有可能成为行行不精的"三脚猫"。后一种思路在娃哈哈被称为"多圆经营"，即"同心圆"战略——以"食"为圆心，水、奶、粥、可乐等不同的延伸半径形成了连续的"产业环"。这种被专家概括为"一元经营，多圆发展"的"同心圆"战略在娃哈哈企业取得了极大的成功，形成了一条环环相扣的"黄金（产品）链"，不仅"团体总分"全国第一，而且还有三面"单项金牌"在手。

娃哈哈的多维思路告诉我们，新经济是一种新型的经济，它需要的人才也应该是一种新型的人才，这种人才具有很强的创新能力，因此，拥有多维思路，能够立体构想，才能够创业致富。

百万富豪创业初期，明确的思路，多维的构想促使他们能抓住机遇，瞄准方向，大胆决策，最终取得成功，并能在发展中立于不败之

地。因此，人的思维不能局限在面上，应扩展到三维、四维以上的空间，以智谋取胜，即能面对现实与未来、做出较正确的分析与判断，对成功路上的种种问题想出各种各样的办法、方案、绝招，从而解决问题，达到目标。

那么，以智谋取胜的百万富豪们具备哪些基本素质呢？"自古有谋胜无谋，良谋胜劣谋"。为什么有的人足智多谋，有的人却少智乏谋呢？同样是经营企业，各有各的智谋、方法，但为什么有的人成为百万富豪，而有的人失败呢？

识广智高，有了广博的相关知识和充足的相关信息，我们就能对现实与问题分析判断得更准确，对未来和不确定因素预测得更正确。这是一个百万富豪足智多谋的基础。

在创业的实践活动中，常可以看到一个欣欣向荣的企业忽然抛弃导致成功的原有的形式和方法，毅然使用新的经营方法和形式；而有的企业却始终坚持一种公认为是陈旧过时的经营形式和方法。有的企业完全靠自有资金，决不举债；有的企业却是从创建之日起一直依赖借债经营。有的企业面对竞争，采取提高质量降低成本的办法获得客户；有的企业却采用购买、合并竞争企业的方法消除竞争对手。有的企业始终贯彻薄利多销的策略；而有的企业以多品种、少批量的方针来坚持优质高价的经营方针。有的企业以不断开发新产品，发展新技术，通过满足消费者日益增长和不断扩大的爱好和需求来占领市场；有的企业则固执地坚持生产销售传统产品，甚至几十年、上百年不肯做大的改变。

面对这些五花八门甚至互相对立的经营形式和方法，如果没有自我独到的见地和悟性，没有谋略的设计，是不可能去赢得优势，打败竞争对手的。

上兵伐谋。竞争的目的是占领市场，有不战而胜的计谋何必要采用逞一时之勇、一时之快的下策呢？灵活变通、奇思妙想远比硬碰硬的竞争更有成效。买一项技术专利可能远比自己投入开发更要划算。

占领市场的计谋很多：

如：不单凭血气，不单凭勇气，不拼消耗，凡事借助巧妙的方法，灵活变通，山不转水转。

如：巧借外力，面对复杂浩渺的世界，个人的力量永远是有限的。若要取得成功，非得借势借力不可。

如：借用外脑，组织"智囊团"，这也是扩大个人智慧的好办法。中国俗语说："三个臭皮匠，顶个诸葛亮。"如果你的智囊不是臭皮匠，而是有经验、有智慧的专家能人，则你就远胜于诸葛亮了。

如：借助人力和组织。根据目标的要求，尽可能成立一个机构组织，以网络更多的人力来共同奋斗，达到较大的成功甚至完成更大的伟业。

如：借助各种自然与社会同有的能量。农业生产是借助土地。电力是借助水和煤。商人做生意往往借助银行的资金和各种人际关系。保护生产和生活秩序，往往借助于政府的公安系统等。

市场的竞争也和军事斗争、政治斗争一样，对复杂多变的形势要进行周密细致的分析考虑，认识和掌握事物发展变化的可能和趋势，知人所不知，见人所不见，事先采取相应的措施和办法，有勇有谋，才能化弱为强，转危为安，反败为胜。这是百万富豪的经验总结，是他们搏击商海后留给创业者的一笔精神财富。

精心谋划，形式多样的小型企业发展战略

不同的企业在战略行动上应有不同的选择和把握。小型企业在制定经营战略时，应结合自身的特点，分析市场营销中的情报，选择多样的发展战略，以便为企业创造制胜的条件。

小型企业发展战略的特点是由小型企业自身的特点所决定的，但是每一个具体的企业又具有不同的特点。因此，小型企业需要根据企业的具体特点来正确地选择发展战略，才能在复杂的市场竞争中站稳脚跟，实现企业的生存与发展。特别是由于小型企业承受风险的能力较低，发展战略的正确与否对小型企业生死存亡的决定意义更为重要。在小型企业的发展战略制定与选择中，需要注意以下特点：

一、小型企业在发展战略中必须注重规模意识

小型企业虽然具有一系列的优势，但其固有的劣势多半是由于企业的规模太小造成的。从本质上来讲，任何一个企业都具有发展规模的内在冲动。小型企业唯有发展规模，才能克服自身固有的缺点。在激烈的市场竞争中，得过且

过、不求进取是站不住脚的。在现代市场经济条件下，企业随时需要准备应付新的挑战与变化。一个不思进取、不求发展的小型企业是不可能获得成功的。

二、小型企业在战略上容易犯好大喜功、急于求成的冒进错误

正是由于企业的规模较小，小型企业通常都急切地盼望进入大型企业的行列。过于雄心勃勃的发展计划往往使小型企业在财务上陷入困难的境地，这是小型企业破产的最常见的原因之一。因此，小型企业的发展战略计划更需要从实际出发，对企业的内部和外部条件进行实事求是的分析，对市场的发展趋势做出科学、客观的预测和判断。

三、小型企业的发展战略通常不宜于采取与大型企业对着干的办法

由于小型企业的规模小、实力不足，特别需要从自己的实际情况出发，避开市场上大型企业的竞争锋芒，争取在大型企业竞争的缝隙中求生存、求发展。在一般情况下，小型企业与其和大型企业在市场上针锋相对，不如与相关的大型企业携手并进，甘当大型企业的配角，在相互协作中寻求发挥自身优势的机会。

四、小型企业的发展战略需要较强的适应性或弹性

虽然小型企业的发展战略同样是为解决长期发展问题而提出来的，但是由于客观上小型企业的发展战略受到各种约束因素的制约较多，小型企业的发展战略特别强调能够适应客观条件的变化，具有一定的弹性或灵活性。

五、小型企业的发展战略更需要全体员工的认同和参与

小型企业的约束机制不同于大型企业的约束机制。在小型企业中，人与人之间的直接沟通较多，个人因素的作用要远远强于大型企业。因此，小型企业发展战略目标的实现在更大的程度上依赖于全体员工的认同与参与。

由于小型企业的规模较小，所以小型企业的发展战略有别于大中型企业的发展战略。小型企业在选择自己的发展战略时，必须从企业内部和外部环境的具体条件出发，采用能够发挥优势、避免弱点的战略，以求得生存与发展。条条大路通罗马，小型企业发展战略也是多种多样的：

一、独立经营发展战略

独立经营发展战略是指企业在生产经营与发展中，不依附于其他企业，不受其他企业经营活动的制约，主要是从企业自身条件出发，独立自主地选择产品、服务项目和目标市场，以满足市场的需要。采用独立经营发展战略的特点是强调自主经营，有利于发挥企业内部员工的创造性和主动性，充分

利用企业的内部资源，发挥自己的专长。独立经营发展战略是从自我出发的，对于一般的小型企业来说，具有一定的风险。首先，可能在市场上遇到大型企业强大的竞争压力。其次，可能遇到市场波动的影响。最后，可能受到小型企业自身发展潜力的限制。因此，只有那些在设备、技术、人力、经营管理经验、产品或服务项目、市场等方面确实具有优势的小型企业，才能够较好地运用独立经营发展战略，真正实现自主经营，独立发展。

二、依附合作发展战略

依附合作发展战略是指小型企业将自己的生产经营和发展与某一个大型企业联系起来，为大型企业提供配套服务，成为大型企业整个生产经营体系中的一个专业化的组成部分，依附于大型企业进行专业化分工与协作基础上的经营与发展。在一定的意义上，依附合作发展战略的实质是积极参与生产经营的社会化分工与协作，是现代市场经济发展的客观需要。但采用依附合作发展战略的小型企业必须妥善处理好依附性与相对独立性的关系，通过依附合作来借船下海，逐步提高自己独立自主经营的能力。这样，既不失去自主经营与发展的主动权，又可以不断增强自身的实力，以求在将来凭借新的实力地位建立新的协作关系，直至实现完全的独立。在现实经济生活中，许多企业都是为其他企业充当配角起家的。

三、拾遗补阙发展战略

拾遗补阙发展战略是指小型企业避开大型企业竞争的锋芒，不在市场上就同类产品与大型企业展开直接的正面竞争，而是选择大型企业所不愿意涉足的边缘市场或市场结合部，在市场上大型企业竞争的夹缝中求生存、求发展。消费者对产品与服务的需求是多种多样的，市场也是丰富多彩的，在大型企业的激烈竞争中，难免有一些经营业务领域的市场规模较小，大型企业的主导业务发展方向的程度较低，难以实现大型企业所追求的经济规模经营。这就为小型企业发挥拾遗补阙的作用提供了宝贵的市场机会。

市场的开发、产品的开发是没有止境的。随着市场需求和企业生产技术的发展，新的市场机遇将不断出现，这就为小型企业采取拾遗补阙的发展战略提供了几乎无限的可能性。拾遗补阙开发出来的产品往往是新产品，而这些新产品说不定就能开辟一个新的市场领域，激发新的市场需求，发展成为一个新的市场、新的产业。因此，采用拾遗补阙发展战略的小型企业必须对市场机会特别敏感，善于在小产品上做大文章，抓住一切机会使企业能够发展起来。著名企业家鲁冠球在一开始的时候，不过是经营一家小型的乡镇企业，为汽车行业配套生产万向节，而现在他的汽车万向节厂已经成为国内屈指可数的大型汽车配件厂，其生产的产品已经行销到全国各地，并打入了美国等发达国家的汽车配件市场。

四、联合竞争发展战略

就一般而言，小型企业受到自身资源与能力的制约，无法与大型企业开展正常的市场竞争。虽然小型企业可以采取各种不同的发展战略，以避免与大型企业直接竞争，但由于市场竞争的普遍性，要完全回避这种竞争几乎是不可能的。小型企业要想在激烈的市场竞争中站稳脚跟，除了努力提高自身的竞争能力和抗御风险的能力之外，还可以通过联合的方式，有效地克服单个小型企业在市场竞争中的天然的弱点与不足，以联合所形成的全力来与大型企业在市场竞争中抗衡。小型企业的联合竞争发展战略，是指若干家小型企业根据市场的需要与各自企业的具体情况，以一定的方式组织起来，形成或是松散或是紧密的协作联合体，以求发挥不同企业的优势，弥补单个小型企业资源不足的劣势，改变小型企业在市场竞争中的不利地位。联合竞争发展战略有利于小型企业突破自身发展条件的限制，改善小型企业的发展条件，而且还可以促进社会资源的优化配置。

从企业各自的需要和共同利益出发，小型企业实施联合竞争发展战略可以采用不同的形式。因此，为了协调和规范不同企业的利益与经营活动，形成以共同利益和目标为基础的实质性的联合。在实施联合竞争发展战略时，一方面必须兼顾各个企业的利益，真正做到公正、平等、自主；另

一方面必然借助于一定的企业联合组织形式作为共同发展的组织保证。

五、灵活经营发展战略

小型企业的一个突出的优点，是其经营与发展的灵活性。但是，有意识地选择灵活经营发展战略，仍然是摆在小型企业管理者面前的一项重要任务。小型企业的灵活经营发展战略是指企业从自身条件与客观可能出发，根据各种因素的变化，及时调整经营目标与方向，以实现企业效益的最大化。

小型企业采用灵活经营发展战略时需要考虑的第一个因素是企业的自身条件，即企业的内部资源。将企业的发展战略与发展目标建立在企业可以利用与开发的资源的基础之上，无疑是一个明智的选择。以企业的资源作为发展战略的出发点，可以依靠企业的资源优势来形成企业的产品优势与市场优势，争取在市场竞争中居于领先地位。小型企业在战略发展中利用资源优势可以表现在不同的方面：第一，是以企业拥有的人力资源或特殊人才资源为基础，选择企业的战略发展方向。第二，是以企业所在地拥有的特殊的原材料资源为基础，确定企业的战略发展方向。第三，是以企业所在地拥有的人文或自然景观资源为基础，确定企业的发展方向。第四，是以企业所在地的市场条件为基础，确定企业的战略发展方向。

小型企业采用灵活经营发展战略时需要考虑的第二个因素是客观环境因素，包括社会经济发展趋势、产业结构的变化、国家政策导向等。

小型企业在选择加入某一个行业时，需要全面考虑自身的条件和行业的特点，慎重进行决策。第一，要判明哪些行业正处于上升期，哪些行业已进入衰退期。小型企业必须在发展较快的行业中切实把握自己的位置，找到适合自己发展的业务经营领域。第二，要善于利用和依托本地区具有发展优势与潜力的产业部门和企业，借助其在技术开发、产品开发和市场开发等方面的有利条件，为我所用地促进企业的发展。第三，在进入新兴产业时要善于抓住市场机遇，力争不断位于本产业发展的前沿，保持产品开发和市场推广方面的优势。第四，小型企业需要密切关注国家产业政策的调整与变化，借助于国家的产业政策来加强自己的战略优势。国家的产业政策往往能够为某些行业中企业的生产经营发展提供一定的有利条件，如税负的减免、资金信贷方面的优先与优惠、对外经济技术合作方面的鼓励措施等。如果小型企业能够充分利用这些国家政策方面的有利条件，就可以获得更为优越的条件。

PART 04
心中需装大格局

不要害怕使用比自己强的人

　　美国钢铁大王卡内基的墓碑上刻着这样一句话："一位知道选用比他本人能力更强的人来为他工作的人安息在这里。"

　　卡内基曾说过："即使将我所有工厂、设备、市场和资金全部夺去，但只要保留我的技术人员和组织人员，4年之后，我将仍然是'钢铁大王'。"卡内基之所以如此自信，就是因为他能有效地发挥人才的价值，善于用那些比他更强的人。

　　卡内基虽然被称为"钢铁大王"，但他却是一个对冶金技术一窍不通的门外汉，他的成功完全是因为他卓越的识人和用人才能——总能找到精通冶金工业技术、擅长发明创造的人才为他服务。比如说任用齐瓦勃。

　　齐瓦勃是一名很优秀的人才，他本来只是卡内基钢铁公司下属的布拉德钢铁厂的一名工程师。当卡内基知道齐瓦勃有超人的工作热情和杰出的管理才能后，马上提拔他当上了布拉德钢铁厂的厂长。正因为有了齐瓦勃管理下的这个工厂，卡内基才敢说："什么时候我想占领市场，什么时候市场就是我的。因为我能造出又便宜又好的钢材。"

　　几年后，表现出众的齐瓦勃又被任命为卡内基钢铁公司的董事长，成了卡内基钢铁公司的灵魂人物。齐瓦勃担任董事长的第7年，当时控制着美国铁路命脉的大财阀摩根提出与卡内基联合经营钢铁，并放出风声说，如果卡内基拒绝，他就找当时位居美国钢铁业第二位的贝斯列赫姆钢铁公司合作。

　　面对这样的压力，卡内基要求齐瓦勃按一份清单上的条件去与摩根谈联合的事宜。齐瓦勃看过清单后，果断地对卡内基说："按这些条件去谈，摩根肯定乐于接受，但你将损失一大笔钱，看来你对这件事没我调查得详细。"

　　经过齐瓦勃的分析，卡内基承认自己过高估计了摩根，于是全权委托齐瓦勃与摩根谈判，事实证明，这次谈判取得了对卡内基有绝对优势的联合条件。

　　到20世纪初，卡内基钢铁公司已经成为当时世界上最大的钢铁企业。卡内基是公司最大的股东，但他并不担任董事长、总经理之类的职务。他要做的就是发现并任用一批懂技术、懂管理的杰出人才为他工作。

　　类似的例子在福特公司也可以看到：

　　艾柯卡担任福特汽车公司的总裁，具有卓越的管理才能，为福特的发展立下了汗马功劳。但他的才能为公司老板福特所嫉妒。有一次，100多个美国银行家和股票分析家聚会，艾柯卡的发言受到了参会者一致的好评，没想到，这让公司的老板福特发怒了，因为他认为艾柯卡抢了他的风头。

　　他对艾柯卡说："你跟太多的人讲了太多的话，他们还以为你是福特公司的主事者，这种情况让我太难受了。"于是，福特毫不理会艾柯卡的意见，而做出不再把小汽车推向市场的决定，结果使得公司急剧亏损。事后，他对此不仅没有做出任何的解释，而且当一个记者向他采访这件事时，他也只是淡淡地回答了一句话："我们确实碰上了一大堆麻烦。"

　　后来，为了把艾柯卡踢出去，福特的手段是一个接着一个，先是到处散播谣言说艾柯卡早已和黑手党搅在一起了，后来发展到在董事会上直截了当地告诉艾柯卡："我想你可以离开了。"就这

样，艾柯卡被福特无情地解雇了。

艾柯卡当时早已名声在外，许多汽车公司都向艾柯卡发出了邀请信。艾柯卡最终选择了克莱斯勒。当日美国《底特律自由报》同时刊出了两个大标题："克莱斯勒遭到空前的严重亏损"和"艾柯卡加盟克莱斯勒"。两条新闻的同时出现，似乎预示了某种关系。艾柯卡出任克莱斯勒公司的总裁。

克莱斯勒的财务状况比想象中要恶劣得多，公司已经面临倒闭的危机，两年之间，公司亏损已达17亿美元。艾柯卡想尽了各种办法应对公司一个又一个的危机。到1983年春，克莱斯勒公司已经可以发行新股票了。本来计划出售1250万股，但是谁也没有料到，最终的发行量超过一倍。

买股票的人多得排队等候，2600万股在一个小时内就全部卖光了，其总市值高达432亿美元，这是美国历史上位居第三位的股票上市额。这一年，克莱斯勒公司获得925亿美元的实际利润，创公司历史新高。

1984年，克莱斯勒公司扭亏为盈，净利润达到24亿美元，同时也成为福特公司的一个强劲对手。艾柯卡成为美国人心目中的英雄。

海纳百川，有容乃大。从艾柯卡和福特的案例中可以看出，妒才是管理者大忌。那些时常害怕下属超越自己、抢自己风头而对功高盖主者施行严厉打击的管理者是很难取得成就的，因为他总是缺少比自己更有谋略的人的协助，而仅靠一个人的能力和智慧是不可能将企业做大做强的。

创业者最重要的能力之一就是要招募到比自己更强的人，并鼓励他们发挥出最大的能力为自己服务。这本身就已经证明了你的本事，同时不费吹灰之力就可以让自己的事业"大风起兮云飞扬"，在这个过程中最占便宜的还是管理者自己。企业的失败是从任用庸才开始的，同样，企业的辉煌是因为任用了更为优秀的人才而取得的。

美国广告大王大卫·奥格威认为，成功的领导者要善于选用比自己能力强的下属，"每个公司都像一个俄罗斯娃娃，如果公司的老板是最能干的大娃娃，员工都是最小的娃娃，那么公司是毫无希望的。反过来，老板是最小的娃娃，每个员工都是能力最强的大娃娃，公司才会生机勃勃。"

所以说，企业的生存、发展离不开人才，一个成功的管理者就要善于寻找人才、借助人才、使人才为企业所用。知人善任要注意以下几点：

（1）鼓励人才发展，不要怕下属超过自己。

（2）批评时对事不对人。人非圣贤，孰能无过。下属做错了事，要批评他做错的事情，却不能对他进行人身攻击。批评的目的在于指出错误，以期改进，而不是让下属丧失自信或感到人格不被尊重。

（3）承担职责，扶持正气。下属办事不力，并不一定是下属的过错，作为领导者，应首先检讨自己在领导上是否有错误，该承担哪些职责，决不能将过错推卸在下属身上，否则将会严重影响下属的士气。

切勿忽视团队精神，推崇个人英雄

有一个人开车行驶在乡间小路上迷了路，于是他一边开车一边查看地图，结果却陷在路边的壕沟里。光靠他自己的力量没有办法把车弄出来。他看到前面有家农舍小院，于是便走过去找人帮忙。

他走进院子，没有看到任何能把他的车拉出来的现代化机械，只看到马圈里唯一的一头骡子，而且是已经很衰老的骡子。他以为农夫会因为骡子太瘦弱而拒绝他，可出乎他的意料，农夫说："马克完全可以帮你的忙！"

他看着瘦弱不堪的骡子，觉得很担心，于是问农夫："您可知道附近有没有其他农场？您的骡子太憔悴了，恐怕不行吧？"农夫自信地说："附近只有我一家，您放心好了，马克绝对没有问题的。"

他看着农夫把绳子一端固定在汽车上，另一端固定在骡子身上。一边在空中把鞭子抽得"啪啪"响，一边大声吆喝，"拉啊，马克！拉啊，卡卡！拉啊，迪斯！拉啊，马克！"没过多久，老马克就把他的车从壕沟里给拉了出来。

他觉得很吃惊，但又大惑不解："您为什么要假装赶很多骡子的样子呢？为什么除了马克还喊了其他的名字？"

农夫拍了拍老骡子，笑着对他说："马克是头瞎骡子，它每次只要在队伍里有朋友帮忙就充满干劲，年轻力壮的骡子都比不上它，而我刚才喊的那些名字是我原来那些骡子的名字，他们之前一直跟马克一起拉车的。"

一个有生命力的企业，是具有凝聚力、向心力的。衡量一个企业是否有发展前景，关键是看是否有团队精神，企业的员工是否具有团队意识。优秀的管理者都明白：具有团队意识的员工才真正地体现其管理思想。反之，没有团队意识的员工，无论多能干，多优秀都不会使团队朝着既定方向发展。

缺乏团队精神的企业，一切目标都只会是空谈而已。我们强调"团队精神"的重要，并非否定那些先进的企业理念、雄厚的资金基础、高科技的含量和知识的重要。然而，先进的理念，充裕的资金等固然重要，但是如果没有"团队精神"这一灵魂，就不存在能接受先进理念的员工，这一切就会变为乌有。

一个人在团队中的力量可能远远胜于他单打独斗时自己的力量。而赋予他这种力量的就是他所拥有的团队精神。

有这样一个故事：

三个皮匠结伴而行，在旅途中遇雨，恰好有座破庙让他们避雨。庙里还有三个和尚也在此躲雨，和尚看到皮匠感到很气愤，质问皮匠说：凭什么说你们"三个臭皮匠顶一个诸葛亮"，而说我们"三个和尚没水喝"？尽管三个皮匠始终忍让，但和尚却不依不饶，以至于闹到让上帝来给个说法。

上帝并没有直接给出答案，而是分别把他们关进两间一样的房子里——房子阔绰舒适，生活用品一应俱全；内有一口装满食物的大锅，每人只发一只长柄的勺子。

过了三天，上帝先把三个和尚放了出来，他们几乎饿晕过去，上帝很奇怪："锅里有足够多的饭菜，你们为何不吃？"和尚们几乎哭了出来："你给我们的勺子把太长了，我们没有办法把饭放到嘴中啊！"

上帝很无奈，接着又把三个皮匠也放了出来，只见他们一个个红光满面，神采奕奕，他们感谢上帝给他们如此美味的食物。和尚们大惑不解，问皮匠们是怎样用这么长的勺子吃到东西的。皮匠们齐声说道："我们是相互喂着吃到的。"

可见，"团队精神"可以创造出一种无形的向心力、凝聚力和塑造力。只要大家心往一处想，劲往一处使，有困难就可以靠集体的力量克服，没有的东西也就会创造出来，缺少的东西也会心甘情愿地去补上，这样的企业就会战无不胜，攻无不克。

团队精神的培养并不是一朝一夕能完成的，需要一点一滴的铸造。

要扮演好培养团队精神头戏的主角这个角色要做到以下几个方面：第一，优秀的领导者要用其人格魅力、吸引力和感召力去引导整个团队；第二，领导者的凝聚力和协调能力也十分重要；第三，领导者要设定团队共同的愿景，所有的人都有了相同的愿望和目标，就能同心协力。一个切合实际的目标会让整个团队产生征服它的心理作用；第四，心往一处想，劲往一处使，才能同心同德，同甘共苦。领导要注意全方位的沟通和交流，沟通的好处在于能让员工迅速达成一致的观点和行动，形成团队的共同价值观。

没有矛盾的团队不一定是最好的

　　团队里的人个性不同，价值观不同，习惯不同，所以团队成员之间发生冲突时有发生。并非所有的冲突都是坏事，有时候就是需要不同的观点彼此激荡才能迸发出改进的火花。如果有一天团队中的人们都可以自由表达自己的心声或喜恶，或者不把这视为一种"毒瘤"而是一种健康的表现时，那整个团队必会因为多元化而受益。

　　有了冲突虽不一定都是坏事，却是一件令人忽略不得的事，它听之无声，看之无影，却以一种无形的力量影响着人们的一举一动，如果处理不妥，其后果是团队内成员流失，绩效下降。所以必须高度重视团队中的冲突。

　　德国心理学家柏格曾做过一个实验，他带领12个10岁的男孩子一起外出游玩，并把他们分成两个相对独立的小组，各个小组内部通过互动活动，人际关系非常融洽。柏格通过向他们分别传递另一方对他们不好的评价，使得两个小组之间很不满。

　　当冲突明朗化后，柏格又尝试了很多方法让他们和睦，如分别向每组说对方的好话，邀请两组的孩子一起吃饭、看电影，让两组的组长坐下来讲和，但均以失败而告终。他们要么拒绝这些信息，要么故意对抗，关系十分紧张。他们甚至对柏格邀请他们坐在一起而不满。后来，柏格故意弄坏了乘坐的车子。这样一来，两个小组必须同心协力才能把车子推回去。因为他们年龄很小，力气不足，需要在很多时候进行协作。最终两个小组的孩子友好合作而完成了任务。经过这个事情，两个小组之间彼此加深了了解，关系开始融洽。

　　这个实验为如何解决团队中不同小集体之间的冲突，提供了一个很有效的方法：那就是为他们设置一个共同的目标，促进他们之间加强合作，以此来增进了解，化解误会和纠葛。今天的企业，管理者不能消除冲突，但可以引导冲突，寻找冲突的正面效应，把恶性的冲突变成良性的、积极有益的冲突，一场正面的博弈冲突也可以给企业和个人带来积极的结果。

　　多年前，盛田昭夫担任副总裁，与当时的董事长田岛道治有过一次冲突。田岛道治负责公司的一切事宜。

当时，盛田昭夫的一些意见激怒了他，虽然盛田昭夫明知他反对，仍坚持不退让。最后田岛道治气愤难当地对盛田昭夫说："盛田，你我意见相左，我不愿意待在一切照你意思行事的公司里，害得索尼有时候还要为这些事吵架。"

盛田昭夫的回答非常直率，他说："先生，如果你和我的意见完全一样，我们俩就不需要待在同一家公司里领两份薪水了，你我之一应该辞职，就因为你我看法不一样，公司犯错的风险才会减少。"

管理者应该看到团队冲突带来的好处。团队冲突能够充分暴露团队存在的问题，增强团队活力。冲突双方或各方之间不同的冲突意见和观点的交锋打破了沉闷单一的团队气氛，冲突各方都能公开地表明自己的观点，且在这种交流中，不存在安于现状、盲目顺从等现象，冲突激励着每个人都去积极思考所面临的问题，从而易产生许多创造性思维，整个团队充满活力。这种活力能够保证团队在市场上的竞争性。

GE公司前任CEO杰克·韦尔奇就十分重视发挥建设性冲突的积极作用。他认为开放、坦诚、建设性冲突、不分彼此是唯一的管理规则。企业必须反对盲目的服从，每一位员工都应有表达反对意见的自由和自信，将事实摆在桌面上进行讨论，尊重不同的意见。韦尔奇称此为建设性冲突的开放式辩论风格。

由于良性冲突在GE公司新建立的价值观中相当受重视，该公司经常安排员工与公司高层领导进行对话，韦尔奇本人经常参加这样的面对面沟通，与员工进行辩论。通过真诚的沟通直接诱发与员工的良性冲突，从而为改进企业的管理做出决策。正是这种建设性冲突培植了通用公司独特的企业文化，从而成就了韦尔奇的旷世伟业。

冲突是提升团队凝聚力的契机。在团队中，过分的和睦可能会使不良的工作绩效得到宽容，因为没有人想指责或解雇一个朋友，朋友们往往不愿相互争执或批评，使团队缺乏斗志和竞争性。只有在时有冲突的团队里，成员才会因为彼此竞争而快速进步，从而推动团队高效成长。团队的凝聚力因冲突得到完美解决而不断加强。

所以说，能否妥善处理冲突，反映着创业者驾驭团队的能力。在面对团队成员之间的冲突时，管理者要迫使冲突双方各自退让一步，以达成彼此可以接受的协议。采取此法，关键是把握好适度点。一是看冲突双方的"调子"的高低，分析双方的起初意图；二是视冲突的事实和抑制冲突的气氛对双方心理的影响程度，分别向他们提出降低"调子"的初步意见；三是在冲突双方或一方暂不接受调解意见的僵持阶段，可以采取欲擒故纵的临时措施，明松暗紧施加压力，促使其早转弯子。

第八篇

决策心理学

PART 01

不怕争论，在互补心理中觅得高论

决策就是观点的妥协

中国的改革开放是史无前例的伟大创举，建立社会主义市场经济，完善现代企业制度，参与国际市场竞争，对国企进行战略性调整等，对于我们都是全新的工作。这个过程需要在工作中不断地去探索、总结和提高，犯错误是难免的，但要有错必究、知错必改。在探索的过程中，观点不一致，要学会求同存异，或者不争论，大胆地去尝试，让实践做结论，这就是妥协。即使确认自己是正确的，由于时机不成熟或大多数人不赞同，也要做暂时的妥协。

人们的行为目标是在既定的条件下，追求个人利益最大化。然而，任何一个行为不仅有收益，而且有成本，人们选择何种行为，就取决于成本收益的比较和权衡。因而，在人们相互之间的矛盾冲突中，当采取妥协的方式得到的净收益大于采取对抗的方式得到的净收益时，人们就会采取妥协的方式；反之，就会采取对抗的方式。

妥协意识强调群体决策中每个人不宜事事处处都坚持己见，要学会根据实际情况做出必要的退让。决策时既然要求大家积极参与，鼓励发表不同意见，那么在决策中必然要有一些人做出妥协。

　　作为人们之间的一种社会关系和行为方式，妥协就是一种交易，一种权利的让步。在市场经济条件下，市场均衡就是供求双方讨价还价、相互妥协的结果，均衡的出现和妥协的达成就是市场的出清和交易的完成。由于均衡价格是供求双方都愿接受的成交价格，均衡产量是利润最大化的产量，这一切都是供求双方达成妥协时出现的状态。在这种妥协中，对立双方平等相待，互惠互利。否则，妥协就不可能达成，交易也不会实现。

　　现在一切准备就绪，可以做决策了。内容已经讨论过，各种可供选择的方案也已经提出，各种风险和收获也已衡量过。但正是这一步，绝大多数决策却失败了。情况很明显，这项决策并不十分讨人喜欢，并不易于实行。

　　原因是没有什么"完美无缺"的决策，决策中的个体必须付出代价，牺牲一些愿望。人们必须在各种相互冲突的目标、有效顺序之间进行平衡。对此，管理学大师杜拉克提出了两种不同的妥协：

　　一种可以用一种古老的语言来表示：半块面包总比没有面包强；另一种可以用所罗门判案的故事来表示：半个婴儿总比没有婴儿坏。

　　在上述的第一个例子中，客观要求得到了满足，面包的作用在于食物，而半块面包还是食物。可是，半个婴儿却不再是一个活生生的小孩了。很明显，决策者想要达成的是第一种妥协。

　　在企业的公共事务和决策方案选择中，妥协也是比比皆是。因为在社会经济生活中，存在着各种各样的利益集团，它们之间相互联系、相互竞争、彼此成为对方争取自身利益的有效限制。领导人在决策中还要善于协调相互冲突的各个集团利益，使它们之间达成互利的妥协。

求同存异，让"是"重现

小王最近参加了单位组织的一次活动，伙伴们在活动中的表现令他感慨颇多。

逃生项目是活动内容之一，项目要求全体队员不借助任何工具，只能利用队员的身体，在30分钟内爬过一面4米高的墙。伙伴们用了9分钟就利用搭人梯等方式通过了11个人，而最后一个人却用了18分钟。当时，大家都各执己见，没有人同意一位正确决策者的意见，最后那位同事妥协了，大家才继续进行。但是他们很快发现了行动的错误，事实证明那位同事的决策是正确的。大家马上又纠正过来，这样就浪费了很多时间。

事后小王感慨地说："如果我们都不那么固执，就能早点达成妥协，也许我们会用12分钟通过12个人。"

用最短的时间妥协，用最小的损失换取最大限度的成功，是一个团队在决策时，持有正确决策意见者难能可贵的牺牲。

一个开放性的决策，常常体现出对冲突的宽容和制度化。对冲突的宽容，不仅是指不对其进行强制性的压抑和禁止，而且包括鼓励冲突双方放弃对抗，实行让步和妥协，达成和解与合作。

对冲突的制度化，无非是这种具有弹性的决策体系能够做出安排，使得冲突的一方或双方能够及时宣泄自己的不满，使得敌意能够不断化解，不致积累起来，造成不可收拾的事端。也就是说，冲突的大量发生及冲突双方的不断妥协使得冲突的强度逐渐减弱，从而阻止了破坏性后果的出现。

可见，决策中对冲突的宽容和制度化，也就是对妥协的推崇和鼓励。或者说是把妥协作为解决冲突的主要方式。相反，如果不是用妥协的方式解决冲突，而是用对抗的方式，即用一方消灭一方的方式来解决冲突，那么，冲突的根本解决意味着更大冲突的生成，冲突的暂时解决意味着埋下了长期冲突的种子，它必然会在新的条件下，采取同样的方式解决面临的冲突。

有这样一种说法：人生就是学会妥协的过程。团队在做出任何一项决策时，肯定会有不同的决策意见。决策是否成功，等结果完全出来就晚了。持有正确决策意见的人若坚持自己的意见，只能站在大家的对立面并且得不到支持。这个时候，持有正确决策意见的人不妨暂时妥协，允许团队走一段弯路，当事实证明决策有偏差，团队自然会很快地修改决策，最终采纳正确的决策意见，把损失降到最小。

在克服困难时，常常是进一步柳暗花明，退一步前功尽弃；而在处理具体事务上，特别是在争论中，则往往会进一步悬崖峭壁，退一步海阔天空。要学会换位思考，勇于退让舍弃，善于走出僵局，找出解决问题的途径。当然，就像对抗的作用不是完全消极一样，妥协的社会作用也不是完全积极的。因此，在决策过程中，我们要注意把握妥协的"度"，不能做无原则的妥协，以致造成重大损失。

企业或小或大的每一次改变都是原则与妥协互相作用的结果。把妥协当作一种原则，实际上是为了达到预期目的而做出的某种让步，或为求折中所寻找的替代方案。这就要求决策者不应在自己的立场上固执己见，而应积极去寻找隐藏于各自立场背后的共同利益所在。

那么，妥协是不是意味着丧失原则呢？借用一位经济学家的话来说就是"妥协是一种原则，但原则是不能妥协的"。

妥协与原则的关系，在商务谈判中体现得最为淋漓尽致。"让步"在商务谈判中是一项重要的策略，它的实质是以退为进、以守为攻的巧妙战术，更是谈判中不可缺少的艺术。"让步"有时看似"妥协"，但有时更似"诱饵"，它可使谈判对象"上钩"，因此，一场成功的谈判其绝妙之处就在于让步的幅度。

即使是WTO规则，也是既有严格、普遍适用的一面，又有很多灵活、例外的规定，在一定程度上是不同国家和地区、不同利益集团相互妥协、相互折中的产物，正所谓"原则当中有灵活，灵活当中有原则"。

不愿妥协的人，往往是想追求完美的。但在现实生活中，追求完美只能成为一种境界与奋斗目标，在竞争日益激烈、节奏越来越快的市场环境中，更加崇尚快速决策与团队协作，而适度妥协就像是润滑油。

当然，适度妥协并不是没有原则的妥协，关键是要把握适度。不能因为妥协，而丧失了原则；也不能因为妥协，而偏离了妥协的最终目的。一句话，适度妥协是为了达到更好的效果，本身是一种积极的举措，而不是消极的行为。

什么是不能妥协的原则呢，那就是一个企业的立足之本，比如西门子家电中国区总裁盖尔克先生就曾说过，西门子在产品质量方面永不妥协，"决不为短期利益牺牲未来"。

所以，明白什么是不可以妥协与明白如何妥协同样重要，都是为了达到企业的终极目标。公司里面有种种权力关系，经常做决策时，为了决策好通过，或者避免冲突与竞争，往往对于决策有不同程度的妥协，这也是极为危险的事情，这些妥协包含领导发言后便没有任何反对意见，而且经常如此，或者说话大声的、脾气暴躁的人往往赢得最后结果；另外一种情况是不敢说实话，有人感觉不对但不敢说出来，还有不同部门交换利益，怕其他部门否定本部门的提案，对于其他部门的问题，也客气地不提出意见。

当你觉得不妥当时，请务必勇敢提出来。领导者有义务创造一个开放的环境，允许大家自由地交流意见，虽然遇到的挑战较多，但毕竟企业最终的成功才是大家共同的幸福，一味地妥协往往只会带来集体的失败。

兼听则明，偏信则暗

《贞观政要》是一部政论性的史书。这部书以记言为主，所记基本上是贞观年间唐太宗与臣下魏徵、王珪、房玄龄、杜如晦等人关于施政问题的对话以及一些大臣的谏议和劝谏奏疏。此外也记载了一些政治、经济上的重大措施。

在这本书当中，有很大一部分是记录的唐太宗与诸位大臣的对话。他经常向大臣询问自己的作为是否得当，听取他们的看法。魏徵就是通过和唐太宗的几番对话而逐渐确立自己诤臣位置的，以致此后唐太宗做事，都对他有几分顾虑。有一次，唐太宗想要去秦岭山中打猎取乐，行装都已准备停当，但却迟迟未能成行。后来，魏徵问及此事，唐太宗笑着答道："当初确有这个想法，但害怕你又要直言进谏，所以很快打消了这个念头。"

听取臣子的意见，是唐太宗闻名的一个特点，也是最让他"改邪归正""弃暗投明"的一个特点。因为大臣的建议，他放弃了很多决策，哪怕有时候让他下不来台面。

有一回，一个老臣因为贪污获罪入狱。看到昔日的战友已经成了佝偻老人，儿女成群的家境拮据，唐太宗就命人送了一些财物过去，悄悄饶了他的罪。这件事情被魏徵知道后，马上开始谈论治理国家的大道理。唐太宗都已经送出去财礼了，也只得收回，维持原判。不过这也避免了其他老臣贪污犯罪的事情发生。

任何决策者都不可能掌握全部的信息和资源，所以在做出决策之前，必须重视别人的意见。唐太宗是这样做的，现代的管理大师德鲁克非常赞赏这样的做法。因为一方面，这样做可以防止决策变成"片面的深刻"，有失偏颇；另一方面，重视不同的意见，可以使决策者处于一种主动的地位，一旦某些决策被证明有缺陷，决策者不至于盲目应对。

古往今来，成功的决策者都非常重视听取下属的意见。尤其在现代企业管理界这种现象更为常见。卓有成效的决策者应该认真听取员工的建议和看法，积极采纳员工提出的合理化建议。员工参与管理会使工作计划和目标更加趋于合理，并且还会增强他们工作的积极性，提高工作效率。

1880年，柯达公司创立，不久它就给员工设置了一个"建议箱"，这在当时是一个创举。公司里的任何人，不管是白领还是蓝领，都可以把自己对公司某一环节或全面的战略性的改进意见写下来，投入"建议箱"。公司指定专职的经理负责处理这些建议。被采纳的建议，如果可以替公司省钱，公司将提取头两年节省金额的15%作为奖金；如果可以引发一种新产品上市，奖金是第一年销售额的3%；如果未被采纳，也会收到公司的书面解释函。建议都被记入本人的考核表格，作为提升的依据之一。

第一个给公司提建议的是一位普通工人，他的建议是软片室应经常有人负责擦洗玻璃，他的这一建议获得了20美元的奖励。设立"建议箱"100多年来，公司共采纳员工所提的70多万个建议，付出奖金高达2000万美元。这些建议，减少了大量耗财、费力的文牍工作，更新了庞大的设备，并且堵塞了无数工作漏洞。例如，公司原来打算耗资50万美元兴建包括一座大楼在内的设施来改进装置机的安全操作。可是，工人贝金汉提出一项建议，不用兴建大楼，只需花5000美元就可以办到。这个建议后来被采纳，贝金汉为此获得50000美元的奖金。

进入20世纪80年代以后，柯达公司的员工向公司建议更为积极。1983年、1984年共有1/3以上的员工提过建议，公司由于采纳员工建议而节省了1850万美元的资金，为提建议的员工付出370万美元的奖金。柯达公司设立"建议箱"所取得的成果，吸引了美国不少企业。目前，相当多的企业已仿效柯达公司设立"建议箱"来吸收员工的意见，改善经营管理。

决策者必须多利用别人的智慧，来减少决策中的风险，降低成本，提高企业的整体绩效。决策者必须客观、冷静地分析问题，必须考虑别人的意见，启蒙运动的干将伏尔泰曾说过："虽然我不同意你的观点，但我誓死捍卫你说话的权利。"即使别人的意见是错误的，决策者也应该给他们表达意见的机会，这既是对别人的尊重，也使决策更加科学。

在三国演义中，曹操每每在做出重大的决定之前，都要广泛地征询谋士们的意见。这样做既能减少因决策失误而招致不可挽回的败局，又是一种对谋士们的鼓励，使谋士们觉得得到了重视。让人才的才华得到施展，才是对他们最大的尊重。

事实上，适度的争论还有助于激发人的想象力。领导者所要处理的是一些难以预料的事情，不管是政治方面的，还是经济、社会或军事方面的，都需要有创造性的解决方案，否则就难以开创新局面。从这个角度讲，领导者需要有想象力，因为缺乏想象力的领导者不可能从另一个不同的、全新的角度去观察和理解问题。

必须承认，有丰富想象力的人并不是太多，但他们也并不像人们认为的那么稀少。想象力需要被激发后才能充分地发挥出来，否则它只能是一种潜在的、尚未开发的能力。不同意见，特别是那些经过缜密推断和反复思考的、论据充分的不同意见，便是激发想象力的最为有效的因素。

因此，讲究效益的决策者懂得如何鼓励别人发表不同意见。从不同意见中吸取营养，这可以帮助决策者识别那些似是而非的片面性看法，在做决策时就会有更加广泛的考虑和选择的余地。万一决策在执行的过程中出现了问题或发现了错误，那么决策者也不至于变得手足无措。不同意见还可以激发决策者的想象力，可以将那些听上去似乎有理的意见转化为正确的意见，然后再将正确的意见转化为好的决策。

由此可见，听取不同意见对领导者没有什么害处，既不会损害他的威信，更不会干扰他的决定，而益处却是很多的。

PART 02
大道至简，
贪多心态要不得

不要让偏离的轨道迷乱了你的眼睛

决策者对任何一个决策的实践，都是为了达到一定的目标。但很多时候，决策者随着市场的变化或者竞争的推进，模糊了初定的目标，导致对决策者选择发生飘移，最后走上失败之路。因此，在做决策时，决策者必须始终牢记决策的目标，沿着这一目标的主轴对决策进行具体的运作，同时利用敏锐的判断力，时刻观察和警惕制定的决策在运作过程中是否偏离了方向。

方向指明了决策想要获得的结果，指导人们带着一个预先设想好的结果去搜寻意见，而方向的设定是引导人们寻找计划的方法。

在浩瀚的撒哈拉沙漠腹地，有一个小城叫比赛尔，如今这里已经成为一颗明珠，每年有数以万计的旅游者来这儿旅游。但是在1926年英国皇家科学院院士肯·莱文来到这里之前，这里还只是一个封闭而落后的地方。这里的人没有一个走出过大漠，据说他们不是不愿离开这块贫瘠的土地，而是尝试过很多次都没有走出去。

肯·莱文当然不相信这种说法。他用手语向这儿的人问原因，结果每个人的回答都一样：从这儿无论向哪个方向走，最后都还是转回到出发的地方。为了证实这种说法，肯·莱文做了一次试验，从比塞尔村向北走，结果三天半就走了出来。

比塞尔人为什么走不出来呢？肯·莱文非常纳闷，最后他雇了一个比塞尔人，让他带路，看看到底是怎么回事？他们带了半个月的水，牵了两峰骆驼，肯·莱文收起了指南针等现代设备，只拄一根木棍跟在后面。

10天过去了，他们走了大约800英里的路程，第11天的早晨，他们果然又回到了比塞尔。这一次肯·莱文终于明白了，比塞尔人之所以走不出大漠，是因为他们根本就不认识北斗星。

在一望无际的沙漠里，一个人如果凭着感觉往前走，他就会走出许多大小不一的圆圈，最后的足迹十有八九是一把卷尺的形状。比塞尔村处在浩瀚的沙漠中间，方圆上千公里没有一点参照物，若不认识北斗星又没有指南针，想走出沙漠，确实是不可能的。肯·莱文在离开比塞尔时，带了一位叫阿古特尔的青年，就是上次与他合作的年轻人。他告诉这位汉子，只要你白天休息，夜晚朝着北面那颗星走，就能走出沙漠。阿古特尔照着去做，三天之后果然来到了大漠的边缘。阿古特尔因此成为比塞尔的开拓者。后来，人们把他的铜像竖在小城的中央。铜像的底座上刻着一行字：新生活是从选定方向开始的。

比赛尔人是不幸的，他们的不幸在于找不到行走的参照物，自然也就找不到正确的方向，必然找不到出路，于是世世代代被茫茫大漠和自身的无知所因禁。

在做决策的时候，要想使决策获得成功，必须首先选好方向。就像阿古特尔铜像上的那句话：新生活是从选定方向开始的。同样，成功的决策也是从选定方向开始的。确立自己的经营目标，是保证决策走向成功的第一步。

一家企业希望生产一种能满足大众家庭所用的产品，希望能大量生产并且盈利。如果这是一家生产电器的企业，那么它生产什么电器呢？电视机？洗衣机？电冰箱？电饭锅？企业必须有一个明确的目标范围。选定一个目标范围必须分析预测出它究竟一年可销售多少，消费者需要什么样的款式和规格，大众对这类产品的价格承受能力如何，企业自身生产能力能否达到要求，市场竞争和发展趋势怎样，是否具有这个经营目标的优势等，这些都要进行具体分析，使每一项的分析结论成为确定经营目标的根据。

综上所述，目标在决策中的地位举足轻重。正如一位学者所说："如果你坐的火车是在错误的铁路上，你所到达的每一个车站都是错误的车站。"如果决策者不善于捕捉经营目标，选择决策目标，不善于掌握决策方法，不善于进行决策活动，不善于科学决策，就是一名不合格的经营管理者，也无法成功。

围绕核心目标，才能迅速到达终点

兔子与乌龟赛跑输了以后，总结经验教训，并提出与乌龟重赛一次。赛跑开始后，乌龟按规定线路拼命往前爬，心想：这次我输定了。可当到了终点，却不见兔子，正在纳闷时，见兔子气喘吁吁地跑了过来。

乌龟问："兔兄，难道又睡觉了？"兔子哀叹："睡觉倒没有，但跑错了路。"

原来兔子求胜心切，一路上埋头狂奔，恨不得三步两蹿就到终点。估计快到终点了，它抬头一看，发觉自己竟跑在另一条路上，因而还是落在了乌龟的后面。

这则寓言故事深刻地说明：竞争道路上，企业即使实力再足、条件再好，只要始终朝着既定目标前进，还要保证不跑错路，才能迅速到达成功的彼岸。

石油价格潮涨潮落，电子商务前景难料，资本市场忽冷忽热，政策法规变化莫测……面对眼前风云变幻的市场环境，是冒险急进，抑或冷眼旁观不见兔子不撒鹰，还是把鸡蛋放在几个篮子里，真是让企业领导人头痛的大问题。这个问题的关键就是在不确定的市场条件下，决策如何围绕目标紧紧展开。

选择什么样的目标，就会有什么样的成就，对"龟兔赛跑"是这样，对企业来说也是如此。决策目标要有简明的形式。目前，西方正兴起的"1分钟目标"就是对目标的形式而言的。所谓一分钟目标就是"写在一页纸上，最多不超过250字"，"任何人都可以在1分钟内看完"。目标如果表达得太烦琐，下属则很难透彻领悟。

决策型领导者在制定目标时，往往能够注重其内容的科学性，但却经常会忽视其形式的简洁。文牍案海铺天盖地地向下属压去，使他们无法喘息，严重的信息超载，使他们丧失了辨别轻重缓急的能力。

决策目标过于模糊就没有可执行性。决策的目标如果是模糊的，甚至是模棱两可的，就无法以目标为标准评价方案，更无从选择方案，因此也就导致决策失败。

如果可能，目标要像军官向士兵发出的命令一样简单。如果一个军官把"向右转"喊成"向左边的相反方向转"，那么口号的力度就要大打折扣了。

因此，在进入决策过程之前，应该仔细地考虑自己的目标，即真正想要什么？真正需要什么？目标是什么？这样做出来的决策才会是一个成功的决策。

用减法做市场，为决策瘦身

现在许多小皮包、文件包都设计了锁，而且多半是密码锁，看起来似乎很高级，用起来却给人增加了很多烦恼。只要稍不小心，轻轻一碰，密码就活动，例如"0"就变成"9"或"1"。这还好，你对到"0"字还能打开；但有好多皮包锁上后就打不开了，需要用改锥撬，有时只好把锁弄掉。这样，还不如没锁好。

小小皮包仅仅是一个例子，在实际生活中类似这种华而不实、徒劳无益的产品还有很多，设计者、制造者和经营者以为这样可以招徕顾客，可以多赚些钱，其实恰恰相反，上当只一回，消费者从此只会避而远之。

简单才有吸引力，去繁就简，在领导决策中也已经成为一个基本要素。按照这样的思维，企业就应从方便消费者使用的角度出发，在设计产品时应多使用"减法"。

大名鼎鼎的美国实业家爱克尔就是靠运用"减法"起家的。一天，爱克尔在纽约街上散步，看见一家小店将一块块咸肉切成均匀薄片，装在两磅装的纸盒里出售，生意很好，立即产生联想："如果再改成一磅装，生意可能会更好。"于是他依计行事，创办了山毛榉食品公司。从此，山毛榉食品公司声名鹊起，逐渐闻名全美国，乃至全世界。

20世纪80年代日本推出烧煮和加热合一的微波炉，按钮有十几个之多。虽可烹饪菜肴200多种，但还是遭遇冷落。对此厂家大胆革新，减成几个按钮，顺应了消费者的"有效需求"，受到了欢迎。

对大多数消费者来说，产品的一切功能甚至包装都是过剩的。"择其剩者而减之"，看似做"减法"，实际上是在做"加法"。简单的才是有吸引力的。用"减法"做市场并不仅限于产品的功能和包装，还包括产品的销售和流通等方方面面。做好了，简单也能不凡。

方法是思想的捷径。对于大企业而言，给企业的决策和经营瘦身远比裁员具有更深远的含义，它是对现行机构、体制甚至经营理念的解构与重塑，这于习惯求大、求强的企业家来说，是一个痛苦的蜕变过程，这就要求决策者将关注化为简洁的目标。

决策是围绕着设定的目标展开的。俄国大文豪托尔斯泰说："人要有生活的目标：一辈子的目标，一个阶段的目标，一年的目标，一个月的目标，一个星期的目标，一天的目标，一个小时的目标，一分钟的目标，还得为大目标牺牲小目标。"有了目标，我们才会把注意力集中在追求喜悦，而不是在避免痛苦上。面对如此复杂的目标系统，决策者必须让企业要达到的目标最清晰，最易于沟通，比如成本最小化等。

一般而论，没有目的性的行为不会有多大的成果，而有目的性的行为，则能取得很大的成果。

相传古希腊塞浦路斯岛有一位年轻的王子，名叫皮格马利翁。他酷爱艺术，雕塑很有造诣，一次他成功地塑造了一尊美丽漂亮动人的女神像，非常得意，梦想她能成为自己的妻子，于是整天含情脉脉地注视这座神像，天长日久，痴心不改，终于感动了上帝，让女神像复活了，做了这位王子的妻子。

心理学家将王子对女神像的目标期待效应称之为"皮格马利翁效应"。在后来很多心理学家的实验中都证明，人的潜力是巨大的，只要树立明确的奋斗目标，并孜孜不倦地努力实施，就一定会到达希望的彼岸。

一个人的精力是有限的，其才能也往往只在某一个方面。古代有过天文地理无所不知，琴棋书画无所不精的才子，但大多数人如果样样都会，必然件件不精。一个企业也是这样，随着社会和科学技术的快速发展，企业的专业化分工越来越细，企业的资源又是有限的，什么事都想干，什么钱都想赚只怕没有可能。因此，领导者认清自己的竞争优势和劣势，将所关注的事情转化为简洁的目标，才能具备自身进攻的利器。

PART 03
合理运用利益权衡心理，减小决策的风险值

敢干但不蛮干

　　一个人或一个企业要想成功，就要有"与风险亲密接触"的勇气。不冒风险，则与成功永远无缘，但更重要的是冒风险的同时，一定要以稳重为主，只有这样的成功，才是我们想要的成功。作为一名成功的证券投机商，霍希哈从来都不鲁莽行事。他的每一个决策都是建立在充分掌握第一手资料的基础上。他有一句名言："除非你十分了解内情，否则千万不要买减价的东西。"而这个至理名言是以惨痛的代价换来的。

　　1916年，初涉股市的霍希哈以自己的全部家当买下了大量雷卡尔钢铁公司的股票，他原本以为这家公司将走出经营的低谷，然而，事实证明他犯了一个不可饶恕的错误。霍希哈没有注意到这家公司的大量应收账款实际已成死账，而它背负的银行债务即使以最好的钢铁公司的业绩水平来衡量，也得用30年时间才能偿清。

　　结果雷卡尔公司不久就破产了，霍希哈也因此倾家荡产，只好从头开始。

　　经过这次失败，霍希哈一辈子都牢记着这个教训。1929年春季，也就是举世闻名的世界大股灾和经济危机来临的前夕，当霍希哈准备用50万美元在纽约证券交易所买一个席位的时候，他突然放弃了这个念头。霍希哈

事后回忆道："当你发现全美国的人们都在谈论着股票，连医生都停业而去做股票投机生意的时候，你应当意识到这一切不会持续很久了。人们不问股票的种类和价钱疯狂地购买，稍有差价便立即抛出，这不是一个让人放心的好兆头。所以，我在8月份就把全部股票抛出，结果净赚了400万美元。"这一个明智的决策使霍希哈躲过了灭顶之灾。而正是在随后的16年中，无数曾在股市里呼风唤雨的大券商都成了这次大股灾的牺牲品。

霍希哈的决定性成功来自于开发加拿大亚特斯克铀矿的项目。霍希哈从战后世界局势的演变及原子武器的巨大威力中感觉到，铀将是地球上最重要的一项战略资源。于是，从1949年到1954年，他在加拿大的亚大巴斯卡湖买下了1222平方公里的土地，他认定这片土地蕴藏着大量的铀。亚特巴斯克公司在霍希哈的支持下，成为第一家以私人资金开采铀矿的公司。然后，他又邀请地质学家法兰克·朱宾担任该矿的技术顾问。

在此之前，这块土地已经被许多地质学家勘探过，分析的结果表明，此处只有很少的铀。但是，朱宾对这个结果表示怀疑。他确认这块土地藏有大量的铀。他竭力向十几家公司游说，劝他们进行一次勘探，但是，这些公司均表示无此意愿。而霍希哈在听取了朱宾的详细汇报之后，觉得这个险值得去冒。

1952年4月22日，霍希哈投资3万美元勘探。在5月份的一个星期六早晨，他得到报告：在78个矿样中，有71块含有品位很高的铀。朱宾惊喜得大叫："霍希哈真是财运亨通。"霍希哈从亚特斯克铀矿公司得到了丰厚的回报。1952年初，这家公司的股票尚不足45美元一股，但到了1955年5月，也就是朱宾找到铀矿整整3年之后，亚特巴斯克公司的股票已飞涨至252美元一股，成为当时加拿大蒙特利尔证券交易所的"神奇黑马"。

在加拿大初战告捷之后，霍希哈立即着手寻找另外的铀矿，这一次是在非洲的艾戈玛，与上一次惊人相似的是，专家们以前的钻探结果表明艾

戈玛地区的铀资源并不丰富。

但霍希哈更看中在亚特巴斯克铀矿开采中立下赫赫战功的法兰克·朱宾的意见，朱宾经过近半年的调查后认为，艾戈玛地区的矿砂化验结果不够准确。如果能更深地钻入地层勘探，一定会发现大量的铀矿。

1954年，霍希哈交给朱宾10万美元，让他正式开始钻探的工作。两个月以后，朱宾和霍希哈终于找到了非洲最大的铀矿。这一发现，使霍希哈的事业跃上了顶峰。

1956年，据《财富》杂志统计，霍希哈拥有的个人资产已超过20亿美元，排名世界最富有的前100位富豪榜第76位。霍希哈的失败和成功都是偶然性中带着必然性的。因为风险是一柄双刃剑，但只要你审时度势，仔细考察分析，冒险就会给予你优厚的回报。

需要强调的是，冒风险并不等于蛮干，它是建立在正确的思考与对事物的理性分析之上的。克劳塞维茨说："只有通过智力活动，即认识到冒险的必要而决心去冒险，才能产生果断。"须知，卓越的勇敢与智慧缺乏的勇敢是截然不同的两种勇敢，前者叫勇敢，而后者被称为莽撞。

风险最小化，比不上机会最大化

美国的哈斯布罗玩具公司是一家知名企业，在20世纪50年代以前，它一直发展顺利。但进入50年代起，因受到来自香港玩具的竞争，使其陷入经营危机之中。

危难之时，斯蒂芬·哈森菲尔德出任董事长。他走马上任后，决定背水一战。

哈森菲尔德对来自香港等地区的玩具进行深入调查，他发现香港

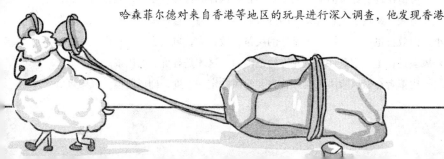

的玩具花样品种多，具有新、奇、巧的特点，如遥控车、会哭会笑的娃娃等。生产这些具有时代特色的玩具，必须有先进的生产设备和技术。而自己公司生产的"美国大兵"成本高、款式过时，这些都是技术和设备落后造成的。

鉴于此，哈森菲尔德决定投资几千万美元更新设备，并投资上千万美元设立新技术研究室，专门研究和开发新型玩具，甚至以巨资购进一些技术专利。有人说哈森菲尔德发了疯，花那么多钱去研究技术没有必要。确实，哈森菲尔德的决策是冒着很大风险的，而且也不是一帆风顺的。1988年，他花费2000万美元投资研制一种"内莫"电子游戏机，结果生产出来后，经核算效益不好，被迫终止生产，2000万美元付之东流。

哈森菲尔德并没有因为这次失败而止步，而是坚定不移地按风险决策进行下去。他清楚地认识到决策与风险是形影不离的。他总结了失败原因，是决策前对公司内外的因素分析判断不准确，生产这种玩具的优势不如竞争对手。此后他吸取这次教训，做风险决策时，做好内外两种环境的调查分析，以使自己的决策更有效。

在哈森菲尔德的努力下，这家濒于倒闭的公司起死回生，成为美国玩具行业中最有实力的公司。

很多时候，要做到成功，决策者就不得不做出那些对自己、对企业来说都是全新的、有风险的决策。确实，没有风险，就没有成功的机会。

企业一定要使风险最小化，但如果它的行为只是消极逃避风险，那么最终它将承担最大的、最不合理的风险：无所事事的风险。风险不是行动的基础，它只是行动的制约，应当根据机会最大化来选择行动。

风险是决策活动中不可回避的因素。一般说来，决策所可能得到的效益与决策所冒的风险成正比关系。因此，在决策时，要对效益和风险这两者做认真的、细致的、科学的权衡。效益大而又没有风险，这当然是最理想的选择，可惜在现实经济活动中根本就不存在这样的选择。当然，效益虽大，但风险更大，超过了主客观条件的许可和承受能力，这种决策亦不足取。风险小，但效益也小，也同样不是好的决策。效益大，风险也较大，而且估计这种风险是在主客观条件可以允许的范围内，这才是有价值的决策。

决策者在做风险决策时，首先要给风险定一个度，即风险度。风险度，是指为实现决策目标所需的条件中，已经具备的条件和尚未具备的条件之间的比例。比如，要实现某个目标的条件需要10个，现在已经具备了7个，那就是说，要实现这个目标还要冒三分的风险。

对于风险度的大小，是相对比较固定的情况而言的，如果考虑到变动情况，或决策面临的本来就是迅速变化的形势，那么在预测风险度时，还应考虑到本来已经具备的条件会在变化过程中丧失而风险度增大的可能性。

垒球中的安打很容易做到，盗垒就不是人人可为。的确，冒险并不好玩，什么事都小心翼翼的人当然就不会闯出大祸。但是如果领导者在决策中老是讲求安全第一，如果总是让竞争对手去冒险，然后再跟在竞争者的脚步后面，那么你的公司将永远是二流公司，永远无法成为业界的领导者。不敢冒险的领导人充其量也只能算是个看门者。

在日本企业界，人们把有胆有识的人称为"正数反应型"的人。"正数反应型"的人信念坚定、百折不挠，像一座强大的"反应"装置，把命运中遇到的一切"负数"转化为"正数"，转化为前进的动力。这种人敢于冒风险，经得起困难的磨炼和逆境的挫折。把错误变成走向正确的启示，把失败变成通向胜利的桥梁，企业家就是要有这种可贵的精神。

要想成为一名出色的企业家，请记住这样一段名言：一味地追求完善，就会错失良机，即使一个100分的机会，如果左顾右盼，二心不定，结果也就只能得到50分了；即使是一个60分的机会，如果果断行动，大胆决策，也许能得到80分的结果。

如果一位企业家在做一项风险性决策时，只是抱着试一试的想法，十有八九是要失败的。铤而走险、孤注一掷等行动，虽然带有极大风险，但作为当事者，则要有一分希望，就要做出十分努力。即使不能取得令人满意的成果，也要把损失控制在最小范围。

非利勿动，有利则动

有7个人住在一起，每天共喝一桶粥，显然粥每天都不够。一开始，他们抓阄决定谁来分粥，每天轮一个。于是乎每周下来，他们只有一天是饱的——

自己分粥的那一天。后来他们开始推选出一个道德高尚的人出来分粥。强权就会产生腐败，大家开始挖空心思去讨好、贿赂他，搞得整个小团体乌烟瘴气。然后大家开始组成3人的分粥委员会及4人的评选委员会，互相攻击，扯皮下来，粥吃到嘴里全是凉的。最后想出来一个方法：轮流分粥，但分粥的人要等其他人都挑完后拿剩下的最后一碗。为了不让自己吃到最少的，每人都尽量分得平均，就算不平，也只能认了。大家快快乐乐，和和气气，日子越过越好。

领导的真谛在"理"不在"管"。领导者的主要职责就是建立一个像"轮流分粥，分者后取"那样合理的游戏规则，让每个员工按照游戏规则自我管理。游戏规则要兼顾公司利益和个人利益，并且要让个人利益与公司整体利益统一起来。责任、权力和利益是管理平台的三根支柱，缺一不可。缺乏责任，公司就会产生腐败，进而衰退；缺乏权力，管理者的执行就变成废纸；缺乏利益，员工就会积极性下降，消极怠工。只有管理者把"责、权、利"的平台搭建好，员工才能"八仙过海，各显其能"。

日本日立公司为了扩大企业规模，发展生产，投入了大量资金，购买新建厂房建筑材料，新添置一些设备。这时，正赶上了20世纪60年代初整个日本经济萧条时期，现有产品滞销，卖不出去，扩大企业规模就可想而知了。面对这一严峻情况，日立公司有两条路可供选择：一条路是继续投资；另一条路是停止投资施工。

日立公司经过大家认真讨论、分析、研究，最后，果断决定走后一条路，停止投资实行战略目标转移，把资金投放到其他效益方面，积蓄财力，待机发展。经过实践证明，日立公司的决策是正确的。

从1962年开始，日本电器公司中的东芝和三菱的营业额都有明显下降，但是日立公司则一直到1964年仍在继续上升。进入20世纪60年代后半期，一个新的经营繁荣时期来到了，蓄势已久的日立公司不失时机地积极投资，1967年投入了102亿日元，1968年上升到160亿日元，1969年上半年就突破了千亿大关，达1220亿日元。从效益上看，1966～1970年，5年内销售额提高了17倍，利润提高了18倍。

利益导向法则告诉我们：资本的流动永远是朝向最有获利可能性的方向去。这就要求我们要善用利益权衡法则：两利权衡取其重，两害相权取其轻。降低决策风险的一个有效方法就是：非利勿动，有利则动。

春秋时期，吴王做出了要攻打楚国的决策，并下了"敢有谏者死"的命令。但他最终被一名侍从的少孺子以一个"螳螂捕蝉，黄雀在后"的故事说服了。其原因是吴王从这个故事中领悟到一个非常重要的道理：不能只顾眼前利益，而不顾后顾之忧。这个事例对当代决策者有着重要的意义。

在企业的重要决策中，我们的领导者是像吴王刚开始时只看到眼前的比较直接的"小利益"，还是能把眼光放长远一些，发现更大但可能比较隐蔽的"大利益"？这可是个很大的学问。明智的人总会在放弃微小利益的同时，获得更大的利益。

非利勿动是讲不顾客观条件而盲动，并不是说不敢于承担任何风险。聪明的企业家不是等到有了百分之百的成功把握才去决策，只需看出六成把握就敢于行动。一味追求完善，就会坐失良机。

"有利则动"并不是盲动。盲目经营是不顾客观情况，或对客观事物的发展做出了错误的预计。上述美国企业到海外经营的失利，就是如此。美国电子仪器制造商开发的新产品"X-10"电源控制机，在美国适于市场需求，他们错误地进行类推，误以为这种产品在日本也会受欢迎。各国有各国的国情，有各自不同的需求，以类推为根据进行经营是极不可靠的。

企业不论从事何种生产经营，领导者决策时如果不以充分的调查研究为根据，就很可能是盲动，造成决策失败。

第 九 篇

投资心理学

PART 01
投资是一场心理学的游戏

投资理念优者胜

投资者进入股市的最大希望就是赚钱，然而，如愿者没有几个，抱怨者占了大多数，其中缺少一个正确的操作方法是人们未能获得成功的重要原因。投资理念优，就是要树立正确的操作方法。其实股市是最公平的地方，虽然其中充满了误导、欺骗等现象，但毕竟庄家没有逼着散户投资者买与卖，欺骗由庄不由我，买卖由我不由庄。在股市中成败荣辱的根源完全在于散户投资者自己。散户投资者无力改变市场，能改变的只能是自己。

据观察，散户投资者最常犯的错误是懒惰，总希望听点小道消息能一夜暴富，其实天上掉馅饼的事有没有呢？有。但是散户投资者绝对不要奢望它能掉到自己头上，事实也如此。在散户投资者道听途说地去找黑马时，总是一无所获，有时恰恰是偷鸡不成反蚀米。在股市中常常是知者不言，言者不知。散户投资者该听的时候听不到什么，而听到的基本上就是不应该听的，所以散户投资者只有完全靠自己的勤奋才能在这个市场中立足和发展，但并不是说勤奋一定能成功，而是要成功就必须勤奋。平时散户投资者应勤于学习基本知识，勤于总结经验，勤于思考等，就像一棵大树，只有把根扎得越深，才能越枝繁叶茂。

散户投资者易犯的另一个重要错误是教条主义，不懂得市场是不断发展变化的，不知道灵活运用自己掌握的规律。所以散户投资者不仅要勤奋，还要有智慧，最重要的一定要懂得这样两个道理：一是知其常，达其变；二是股市

中每一条规律并不是万能的，都有自己适用的前提
条件。

　　首先，在以投机为主的股市中，股市
是散户和庄家较量智慧的一场游戏，达成
共识的东西，庄家就会抛弃它。比如一般
都认为M头走势，双头大致等高或第二个头
比第一个头稍低，但翻开最近的K线图不难
发现第二头往往比第一个头高出许多，使
散户误解为后面还有升浪；而标准的M头又
成了庄家洗耳恭听盘的方法。常言道："股市如棋局局新，"所以散户们一
定要知其常达其变，培养自己综合研判能力，才能立于不败之地。

　　其次，散户投资者在股市中常常以为一条规律在任何环境和条件下都会发生
作用，环境变了，规律失灵了，散户们就怨天尤人，抱怨这个市场不可捉摸，其实
是散户投资者自己不懂得每一条原则都是有前提条件的。比如追涨杀跌和高抛低
吸，在强势市场中，就必须要追涨杀跌，这样才能获取利润，保护自己，而在弱势市
场中只有高抛低吸才能赚取差价，避免损失。两条原则都有自己适用的前提条件。

远离投资误区，树立成功理念

　　依靠投资成为百万富翁的人都有成功的投资理念做指引，因为只有以正
确的投资理念为基础来指导投资决策，才能使投资获得较好的收益。在树立
成功理念之前，首先要排除那些错误的投资误区。

误区一：我不需要投资

　　有人说了："我就不怎么投资，当然我也不会每月花光，自己一样过得
很好。"每年还能剩一点儿钱够零花，有这种想法的人很多。乍一听，好像
这样的生活方式也挺好，不用费心去投资，有钱就花，没钱就不花。但是，
细想一下，你真的不需要投资么？即使不去考虑你过几年可能会面临买房、
装修、结婚的事情（假设你家里帮你解决了这笔费用），你真的就高枕无忧
了么？假如你或者你的家人突然得了大病，需要很多钱来医治时，你该怎么

办？也许这时候你不会想到是因为自己平时不投资导致无法抵御这些风险，而只会想我怎么这么"背"。假如你平时就有足够的风险意识，懂得未雨绸缪，遇到问题时可能会是另一种结果。

不论你收入是否真的很充足（与比尔·盖茨或李嘉诚有一拼，可以不用投资——其实钱越多越需要投资，如果不投资恐怕一辈子也不可能像这两人那么富有。而且，不论是比尔·盖茨，还是李嘉诚，他们都是投资高手），你都有必要投资，合理的投资能增强你和你的家庭抵御意外风险的能力，也能使你的手头更加宽裕，生活质量更高。

误区二：收入高，不用再投资

这种想法很多人都有，尤其是20世纪七八十年代出生的一族，好多都会这样想：我收入高，不会投资也无所谓。当然，如果你有足够高的收入，而且你的花销不是很大的话，那么你确实不用担心没钱买房、结婚、买车，也不用担心意外风险的出现，因为你有足够的钱来解决这些问题。但是仅仅这样你就真的不需要投资了么？要知道投资能力跟挣钱能力往往是相辅相成的，一个有着高收入的人应该有更好的投资方法来打理自己的财产，为进一步提高你的生活水平，或者说为了你的下一个"挑战目标"而积蓄力量。

比如说，你在工作一段时间之后想开一家属于自己的公司，或者想做一些投资，那么，你仍然需要投资，你也会感觉到投资对你的重要性，因为你想要进行创业、投资，这些经济行为意味着你面临的经济风险又加大了，你必须通过合理的投资手段增强自己的风险抵御能力。在达到目的的同时，又保证自己的经济安全。

误区三：总相信股市不可能再跌的神话

股价已经下跌这么多了，应该不会再跌了。这种说法听起来似乎很有道理，但是看了宝丽来的例子，大家就会发现这种说法多么不堪一击。宝丽来是一家实力雄厚的公司，也是一家著名的蓝筹股公司，在宝丽来公司的销售和盈利都大幅度下滑时，许多投资者根本没有注意到股价实际上已经严重高估了，他们不停地用一些自欺欺人的说法来安慰自己："股价已经下跌这么多了，不可能再跌了"，或是"好公司的股票总是会涨回来的"，"在股市投资上必须要有耐心"以及"由于恐慌而卖出一只好股票是愚蠢的"。

根本没有什么法则能够告诉我们股价大概会下跌到什么程度。发生这种情况时，我们唯有运用股票价值分析原理来分析股票的内在价值，判断股价是否被高估，一旦得出当前的股价已经高估了，就需果断卖出，而不要相信"股价已经下跌这么多了，不可能再跌了"的鬼话。

各种各样的股市分析对于股票的误导可以说是不计其数，彼得·林奇写下了几种对股价最愚蠢的认识，希望能帮助投资者把这些错误的认识从脑海中剔除。

（1）如果股价已经下跌了这么多，它不可能再跌了。没有定律告诉我们股价最终会走向何方，在股票真正跌到最低点之前，我们不能说"它不可能再跌了"。

（2）你总能知道什么时候股市到了底部。捞鱼是投资者最喜爱的运动，但往往是好的渔夫才能捞着鱼。试图捞住下跌股票的底就像抓住一把下跌的刀，最好的办法是等到刀掉到地上后再拾起它。

（3）如果股价已经如此之高了，怎么可能再进一步上升呢？没有股价最终应回到多高价位的法定界限，如果公司业绩良好，投资收益也会继续增加。

（4）每股只有3美元，我能失去什么？便宜股和糟糕的高价股在下跌过程中同样危险。职业的卖空专家都是从股票的下跌过程中获取利润的，猜想他们会将股价为8美元或6美元的股票卖给谁呢？

（5）最终股价会回来的。当你想到上千家破产的公司，那些永远无法恢复到以前繁荣的公司，还有那些股价远远低于历史高位的公司时，你可能会意识到"股价最终会回来的"观念的缺陷。

在投资上我们要远离这些误区，树立正确的投资理念，从赚小钱出发赚大钱，相信股市的正常波动。好好打理自己手中的资本，做一个投资达人。

投资中最大的敌人是自己

价值投资大师格雷厄姆认为，投资人最大的敌人不是股票市场，而是自己。

投资者就算具备了投资股市所必备的财务、会计等能力，如果他们在不断震荡的市道里无法控制自己的情绪变化，那么也就很难从投资中获利。格雷厄姆认为，投资人若想建立面对股票市场的正确态度，就必须在心理和财务上做好充分准备，因为市场不可避免地会出现上下震荡。投资人不仅在股价上升时要有良好的心理素质，也要以沉稳的情绪来面对股价下跌，有时甚至是猛烈下跌的局面。若投资者有那样的心理素质，那么可以说投资者已经具备了99%领先其他投资人的心理素质。格雷厄姆说："真正的投资人从来不会被市场形势所迫而轻易卖出自己看好的股票，也不会关心短期的价格走势。"

在处理涉及金钱的问题时，人们往往特别容易做出情绪化且不符合逻辑思维方式的决策。在股票投资中，市场效率的产生也是因为投资者在取得信息后得以迅速地制定价格。因此，将人类的心理因素作为投资的重要变量来考量就显得特别重要。因为越是在不明确和不稳定的市场环境里，投资人受到有形、无形的心理因素的影响就越大。

我们发现许多诱使人们买卖股票的因素，除了从人类包括心理在内的社会行为角度来加以解释外，没有其他合理的解释。

在股票投资中，万千股民都向往着找到"炒股绝招""制胜法宝""跟庄秘诀"，从而在股市中所向披靡，建功立业，迅速致富。许多股民经常会遇到这样的情况，面对同样的基本面信息，会见好见坏；面对同一张技术图表，会见仁见智；面对同一条政策消息，会见多见空。巴菲特认为，任何一种投资理论或操作策略，都必须靠人的心志来驾驭。由此，他指出，任何一种投资理论或操作方法，最后还要结合当时的具体情况来研判与决策。

相信很多初涉股市的投资者都有这样的尴尬，买了就跌，一抛就涨，好像庄家就缺自己那几千（几百）股一样。

即使一些有经验的投资者，如果统计一下自己持有一只股票的时间，就会惊讶地发现：在套牢和保本（微利）阶段拿的时间最长，一旦股票有了20%～30%的涨幅则如烫手的山芋，随时准备抛出。原来盈利的日子是这么难熬。或者有的投资者满眼是黑马，买了几天又有了"新欢"，旧人自然已经看不上眼了，马上换股。往往结果是两面挨耳光，放掉的继续涨，买入的如死猪，然后再换……究其原因，无非是人性的弱点在作怪。

股票市场是由无数投资人的买卖意志和行为决定而形成合力的结果，所以我们尽可以放心地做出推论：整个股票市场的上升或下跌，其最主要动力来自于投资人的心理影响。

关于股价上下波动，从表面来看，是由于基本面或技术面的改变所引起；但从深层来看，则是心理面对基本面或技术面的变化所做出的反应。因此，巴菲特说，股价波动其实是人心在动，是千万人智力比拼与心态较量的最终结果。当投资者涉入股市的金钱游戏时，往往会产生特异的态度和行为。有的人平时非常小气，但在股市上却慷慨大方。有的投资人最关心的似乎不是赚钱多少，而是想借此证明自己的聪明才智和自我价值。因此，在股市中心理分析很重要。

要想战胜自己、在投资中取胜，在投资时要做好以下几方面的功课：

一、投资先看大势

不要相信自己属于永远跑赢大盘的高手，和大趋势作对永远会失败。就像如果你在2001年到2005年夏买入股票长期持有和2006年获小利就跑同样不明智。

二、选择适合自己的交易方式

如果不是职业投资人，建议散户不要频繁做短线，不妨学习巴菲特的"长揸不放"。大家可以根据自己的个性偏好，选择投资方式：跟随热点/挖掘冷门，中长期持有/波段操作，目标位操作/随机而动……

三、做好研究

不要仅凭一条消息或者别人推荐就急于买入。现在资讯很发达，你可以通过互联网得到很多信息，只要你肯下功夫。不要只从证券媒体上获取信息，很多大众传媒、行业媒体上都有有价值的新闻等待你去发掘。不看股评家的推荐，要看竞争对手对他的评述和行业动态。

四、制定合理的盈利目标

能获得超越银行利率数倍的收益应该满足了。当然这不意味着保守，只是当你已经远远完成20%~30%年度收益目标以后，你会比较平和地做新的股票。股市里的钱是赚不完的，我们只能拿走属于自己的一部分。人家水平高，一年翻几倍，欣赏一下就是，不要产生攀比心理。要知道，往往"无心插柳柳成荫"。

看到别人的股连拉涨停，自己的股票举步维艰，自然不是滋味，但请先问问自己当初买入的理由是什么，目前环境是否变化了。如果判断的确失误，要勇于承认，即时抽身。但是出来以后不要急于介入下一只股票，首先反思一下教训，平衡一下心理，再按照自己先前追踪观察的清单选择新的目标。

如果你确定了中线目标，就不要在意每天的实时涨跌。多看周线和分时图，别太在意日线。经常想想如果我是庄家会怎么操盘，这可以帮助你理解股票的走势。

不要天天看股票，适当给自己放个假，调整一下心情很重要。即使行情不好，生活中还有很多有乐趣的事情可以体验。

如果有一天，你发现自己的情绪不会再随股票的涨跌而波动了，那时你才真正在股市中战胜了自己。

PART 02
小心!
那些投资中的心理幻觉

在众多的预测中找不着北

在当今中国股市里，特别是大牛市道里，成千上万的人蜂拥而入，但却鲜有人跑赢大盘，分享到股指大涨带来的丰硕果实。原因何在?

这是因为人类天生具有预知未来的渴望，它阻碍了投资者的理性决策，他们时时刻刻都在想着如何在股市中获利，每天花大量的时间去寻找明日的牛股，预测市场状况。他们中更多的是在电脑上绘制股价走势图，试图预测明天股价走势可能的突破点。

而且，在投资市场上，很多人都相信证券分析师的预测，把这些预测作为自己的投资决策的重要依据。这是相当错误的做法。

很多证券分析师都是附属于证券公司，证券分司的生存取决于股票的交易量。

因此，为了增加营业额，他们就会人为地制造一些股票价格的极度波动。

基金经理也是证券分析师报告的一大使用者。基金经理也喜欢交易频繁，一来是可以尝试吃散户投机者的钱，二来是证券商会付一些佣金给基金经理。

但是，投资者却不愿意相信，预测上市公司的未来和股市的走向，就跟预测天气一样是无法做到精准的。预测明天的气温还比较简单，只要以今天的气温作为参考（例如，今天气温20℃，那么明天的温度大概就在20度上下波动），而预测经济和股市的未来走向却是一个复杂得多的社会现象。如果我们预测的仅是一家上市公司的下一季度的状况，那只要消除季节性因素后，下一季的销售额和利润很可能和本季差不多。但当预测扩大到这家上市公司的股票走势时，除了季节性因素外，还有很多其他影响股票走势的因素，因为股票市场系统是上百万个变数的综合反映，而变数之间还会不断地改变和具有交互作用。

　　我们可以来看一看美国股市"专家"的实际预测成绩，真是惨不忍睹。90%的经济学家没能预测到20世纪90年代美国经济的不景气。20世纪90年代初，大型投资机构曾经预测墨西哥股市的多头市场即将来临，但没有多久该国政府就放任本国货币比索大幅贬值，并引发了有史以来最大一次的股价狂泻。试问：谁又能预测到这一节外生枝的政府行为呢？同样没有人预测到美国利率会从1991年起连续7年走低。1994年到1998年间，资深市场分析师曾多次错估空头市场降临的时间。很少有分析师预见到20世纪70年代末期的超高速通货膨胀。当华尔街终于意识到通货膨胀的上升趋势不可逆转时，它继而又错误地预测通货膨胀还会继续上升，并向投资人打保票，黄金会涨到每盎司2000美元、石油每桶100美元。就在同一时期，在大部分经济学家都对摇摇欲坠的美国钢铁产业不抱希望之际，钢铁业却在20世纪90年代止跌反弹，再度成为全世界最有效率、最赚钱的产业。

　　回想20世纪70年代中期，华尔街的分析师们热情推荐IBM又是一个例子。他们预测的前提是IBM公司年获利将增长16%，且会持续上扬。这种"大胆"的假设把投资大众推向了有"蓝色巨人"（Big Blue）之称的IBM上，并因此把该股价推上了九重天。对IBM获利的预测实际上严重偏离了后来的事实，1997年该公司的销售额仅是分析师预测数的17%。

　　实事求是地分析这些例子，得出的结论是，过度乐观的预测根本不切合实际，以这种不切合实际的预测来指导我们的投资，其风险之大可想而知。

　　在当今中国大牛市道里，预测的种种弊端都被股市大繁荣和非理性掩盖了。随着股价越涨越高，投资人越来越重视近利。只要是获利预估调升的股票即被抢进，预计无法达成获利目标的公司股票即被抛出。市场最终在一个虚涨的泡沫中崩塌了。

　　所以，投资者一定不要被各种漂亮的预测所迷惑，一旦用短期获利的思维方式来决定自己的投资行为，肯定就会在预测的海洋中随波逐流，投资随即由理性变成投机。如果仅仅以获利目标作为投资的唯一目的，投资者就再也看不清楚价格和价值之间的关系，因此就会随意地以任何价格买进股票，以利己主义的态度来对待投资。

但是，尽管未来不可预测，但有一点还是可以确定的，那就是优秀的标的公司的股票最终会在股价上反映出其投资价值来，从这个意义上说，未来才是可预知的。但是，投资者只知道所有的股票价格都会上下波动，却无法预知到这些股票的价格在未来的一年是向下还是向上，也无法知道这个投资价值要等到何时才会反映出来。

投资者其实无须沉溺在对股票价格短期走势将如何的无谓预测中，重要的是投资人是否已投资在一个好的公司上。如此一来，才可确定自己最终将从正确的投资中获利。

误以为长期持有蓝筹股就可以高枕无忧了

高手如是说：今天的蓝筹股未必是明天的蓝筹股，但明天的蓝筹股一定能在今天的股市中被发现。寻找蓝筹股的过程中，要注意蓝筹股总是伴随着产业的兴衰而兴衰。

因为蓝筹股具有很多的优势，以至于很多投资者认为，选择蓝筹股可以长期持有，并且高枕无忧，买入后可以置之不理，不用每天看盘，不用担心有什么风吹草动，只是坐等按时的分红和收益就行。然而，股票投资本身就带有风险性，并且好与坏都是相对的，不能盲从地去追捧，应该区别对待，谨慎选择。在投资蓝筹股进行长期持有时也应注意以下一些问题：

因为随着大部分公司逐步完成股改，再融资和新老划断的压力开始凸现，因此市场在上行的过程中可能会出现较大的波动。有关人士甚至表示，不能忽视长时间启动再融资的可能性，只要一传出再融资消息，市场就有可能出现快速下跌。在这种情况下，防御性不强的蓝筹股估计也将难逃厄运，所以要坚持谨守防御原则。

二、股价高高在上的股票不介入

在前期基金强调防御时，普遍的思路是转向医药、高速公路、新能源等非周期性行业，如G华海、天力士、赣粤高速、G天威等个股，股价都居高不下。很多投资者已意识到，因为价格已高，很多经典的防御性个股已经丧失估值的优势，充其量只能说估值合理，防御性已经弱化。并且这些个股除了业绩较好之外，走势已跟以前的传统庄股一样。虽然股价走势较为稳健，受大盘的影响不大，但往往连续数分钟没有成交，流动性开始让人担忧，假如后市有几家庄股以多杀多的行为出货，就有可能引发这类个股的跳水。所以这一类的大盘蓝筹股也不能介入。

三、股改对价方案不尽如人意而被市场低估的优质蓝筹股可以择机介入

因为前期市场热点一直在股改对价方面，所以股改对价方案预期不高的蓝筹股受到了市场的冷落。而股票的价值取决于企业内在的发展能力，如果企业质地不行，即使给出了高对价，也难以补偿未来的下跌空间。机构投资者也开始警惕质地不好的企业给出高对价的动机。在这一趋势下，投资者的选股目光自然就会转向优质蓝筹股，特别是那些质地优良却被市场低估的蓝筹股。

陷入概率分析的沼泽

巴菲特如是说："一件事情可以用来显示我们具有超强的竞争力和卓越的声誉，那就是全世界前四大再保险公司全部都向伯克希尔投保巨额的'霹雳猫'保险。这些大公司最清楚的事就是，对于再保险公司来说，对于它们真正的考验就是在它们困难的状况下，愿意并且能够支付理赔金的能力与意愿，而绝不是在太平时期勇于接受保费收入的意愿。然而，之所以称之为'霹雳猫'保单，就是其他保险公司或再保险公司专门用于买来分担他们在发生重大意外灾害时可能造成的损失。非常幸运的是，这类业务在去年并没有出现重大的损失。由于很少有私人保险公司去购买水灾险，所以就连1993年真正严重的中西部水灾也没有触及'霹雳猫'损失。"

"这样容易造成人们的错觉，并且认为在1993年这一单一的年度，'霹雳猫'有骄人的成绩并且是相当的令人满意。用一个简单的例子就可以证明这一切，如果在每个世纪都会发生25次重大的意外事故，然而你却要用以一赔五的比率去赌它不会发生，然而这种赌博的结果就是你赌赢的概率要比你赌输的概率要多很多，甚至可能发生的事情就是你连续赌对了六七年，甚至是更多年，但是我不得不说的是，无论如何，到最后你仍然会破产。"

巴菲特用保险业的事实，讲述了股市中的一个哲学，就是概率事件，如果你赌的是想得到的结果大于你不想看到的结果，那么你可能会赢。但是，最后的结果你还是会惨败。其中的原因用一个事实来说明，伯克希尔用类似以一赔三点五的赌率接受赌注，当然没有人能够准确地算出"霹雳猫"保险真正的赔偿概率，事实上，这有可能要等到几十年后才能知道当初做出的判断是否正确。然而，一旦损失降临也必定是一件轰动的事情。在1992年安德鲁飓风发生的那次，伯克希尔为此付出1.25亿美元的代价，时至今日由于它已大幅扩大在"霹雳猫"保险的业务量，所以同样规模的飓风可能会造成6亿美元左右的理赔损失。

从这些事实中，投资者应该可以清楚地知道，如果你是个长期的赌徒的话，自救的方式就是你必须要做庄家，否则，数学的规律必然会让你破产。因此，从这个角度来看，长期投资者一定会战胜长期投机者，因为后者终究会在一次意外中全军覆没。

数据在人类的生活中扮演着很重要的角色，缺少了这种数学上精确的数据，我们的生活将会变得模糊。如果我们不先去用天气模型去分析以前的天气变化数据，我们就无法预测未来天气的变化；如果我们不按照可

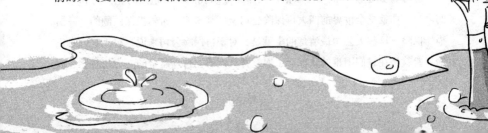

乐的配方来配制可乐，我们就配不出好喝的可乐；如果我们不制定射击比赛的规则，我们就无法确定谁才是冠军。

巴菲特认为，股票投资从本质上来说，就是一个冒险的游戏。一个投资者想要降低投资的风险，就需要数据的帮助。伯恩斯坦曾经说过，"在没有机会和可能性的前提下，应对风险的唯一办法就是求助于上帝和运气。没有数据的支持，冒险完全就是一种莽夫的行为。"

如果没有数据，我们根本无法了解公司的经营状况，我们的投资行为就像掷色子一样充满了随机性。但是我们都不会这么盲目投资的。我们通常都会根据公司提供的数据，了解一下公司的经营业绩，估计公司的内在价值，和股票的价格对比一下，计算可能获得的收益，然后综合考虑这些分析出来的数据再进行投资。经过数据分析的好处就是尽可能多地减去了那些不确定因素。例如，通过对某一份材料的数据进行分析，我们发现每当利率下调0.1%，某一公司的销售额就会增长3%，那么我们就得到了一些对投资有利的信息。有了这些信息，我们就比那些缺少这份材料的人更有机会寻找到好的投资机会和预测未来收益。

数据分析是有一定作用的，但是很多人太过沉迷于分析的沼泽。我们经常会看到有些人研究某只股票在过去5年或10年内的价格走势，仔细分析它在成交量上的细微变化和每日的变化，试图从股票的价格变化中推断出股票的价格模型，预测自己的股票收益。

但数据分析并不是万能的。它可以替我们排除一些不确定性因素，但它却不能为我们总结出股票投资的模型。目前市场上有很多设计出的选股方法，但大多难以付诸实施，被证明是无用的。巴菲特很早就意识到了材料的有限性，于是他根本不看那些股票分析师做出的各种选股资料，也不在电脑里安装股票终端每日查看股票价格，更不愿浪费时间分析股票的价格走势。也许正是由于他没有使用过任何统计数据分析包软件，也不分析股票的价格走势，他的运作才更加成功。

我们应该合理利用已有的数据，提取对我们有用的信息，而不是完全依赖数据来决定我们的投资。

PART 03
破译金融异象背后的真实心理

市场信息的不对称现象

金融大鳄索罗斯认为，人的认知并不能达到完美，所有的认识都是有缺陷的或是歪曲的，人们依靠自己的认识对市场进行预期，并与影响价格的内在规律价值——规律相互作用，甚至市场的走势操纵着需求和供给的发展，这样他就得到了这样一个结论：我们所要对付的市场并不是理性的，而是一个无效市场。

通常大多数分析师秉承有效市场理论利用自己所掌握的信息以及对目前价格分析，强化了当前趋势的发展，在大众的推波助澜下，使市场更加趋于非理性，成为无效市场。受资金操纵、逼仓以及指数基金利用农产品期货进行保值、对冲基金的交易行为等所引发的市场过度行为，我们不能说是在向市场的平衡点靠近，更无须对这种市场横加指责，因为依据索罗斯的观点，这时的市场恰恰是无效市场特征——非理性表现最为突出的阶段，因而此时分析师对行情的判断依据也是靠不住的。

巴菲特也说："如果股票市场的信息总是有效的，我只能沿街乞讨。"他认为，假设每位投资人有平等的取得信息的渠道，但每个人获得的信息是不一样的，也就是说某些投资者拥有比别人更多、更好的信息。

毫无疑问，在中国股市中，呈现在普通投资人面前的大部分市场信息都是二手信息，相应的对股价的反应往往是不真实的，而且大多数投资者又按照自己的意愿主观地去诠释那些本身已经严重失真的买卖信息，从而使投资人在解读市场信息上错上加错。在对信息做了错误解读和错误判断的基础之上做出的投资决策，怎能不会出现失误呢？

通常情况下，错误的信息会干扰股价的正常运行，这些信息都对股价造成了一定影响。在或真或假的信息面前，投资者如何应对呢？

（1）最重要的是判断信息的真实情况，假信息造成的股价下跌是最佳的建仓机会。

（2）判断信息的影响程度，"坏信息"常常造成股价的过度反应，导致股价出现超跌。2004年特变电工股价大幅下跌，短短跌幅20%，市场一片恐慌。这次公司股价下跌的主要原因可能是2004年业绩由于原材料价格上涨导致公司业绩低于平均0.45元左右的预期，同时对2005年的业绩存在一定的不利影响，但是初步估计2005年的业绩可以达到0.48～0.50元附近，依然可以体现出较好的成长性。考虑公司在行业内的龙头地位，具备电力设备和新能源的双重热点概念，这样的下跌就是对消息过度反应的结果，可能给大家提供了逢低建仓的机会。

（3）判断信息的实质，对公司是致命影响还是一般影响，是否改变了公司的估值。

（4）辨别信息是主流的声音还是"噪音"。目前市场的声音太多，各种股票的推荐、建议、质疑不绝于耳，其中不少是噪音，噪音只会干扰投资者的正常判断，促使人做出错误的决策。投资者若听了噪音的干扰，就有可能错失一次好的投资机会。

在当今股票市场上，信息并非唾手可得。即使在今天信息爆炸的时代，数以百万计的投资者虽然已能够通过网络和各种信息渠道取得比以往多得多的信息，但仍无法在短期内得到可能影响股价的直接信息。

投资人无法定期拜访上市公司，无法与同业工会、供应商、经销商交谈，更遑论参与企业的经营管理。就是一年一两次的股东大会，大部分小股民也是无缘参加的。能在大牛市道里获得更多市场信息的，大多是那些财务阔绰的中外基金、券商以及私募基金等，他们可以游刃有余地利用手中的资源为自己服务。

同时，每个人对市场信息的理解力不一样，投资者往往自己对信息解读。但有强大资源的上述中外投资基金和券商却具有消化市场信息的足够能力，他们在解读信息方面当然也比一般中小散户投资者来得正确和快得多。

在确立投资观念和做出投资决策上，投资者接受的常常是被歪曲了的市场信息，而这些失真的市场信息大量地是通过新闻媒体而传播开来的。

如一些媒体透露一些信息来迷惑投资者，并为达到推卸责任的目的，还做出声明："作者声明：在本机构、本人所知情的范围内，本机构、本人以及财产上的利害关系人与所述文章内容没有利害关系。本文纯属个人观点，仅供参考，文责自负。读者据此入市，风险自担。"

在信息满天飞的股市中，投资者如果无法准确判断各种消息的真伪、作用和导向的话，就很可能要被市场的洪流所淹没。而对于散户投资者来说，快速准确地判断分析消息更是一项基本功。

最深的经济护城河其实是消费者的心理

巴菲特非常重视一个企业是否具有持续竞争优势。他把这种持续竞争优势比喻成保护企业经济城堡的护城河。巴菲特认为，一家优秀的企业通常都有一条经济护城河，只有这样，企业才能够保证具有较高的盈利水平，才能够为投资者带来丰厚的回报。

巴菲特非常喜欢具有经济护城河的企业。巴菲特曾经这么说过，"我们喜欢拥有这样的城堡：有很宽的护城河，能够牢牢守住我们的城堡，即使有无数的竞争对手想抢占我们的市场，护城河也可以阻止外来者侵入。我们要确保经济护城河是不可能被竞争对方跨越的，每年都要努力拓宽我们的护城河，哪怕牺牲掉当年的盈利，也一定要使得我们的护城河越来越宽"。

巴菲特认为，如果一个公司要依靠一位超级明星来创造经营业绩，那么它就不是一个伟大的公司，它就没有经济护城河。就好像一个医院主要靠一位医术精湛的大夫获得收入和名声一样，一旦这位大夫被竞争对方挖走，医院立刻就丧失了盈利的资本。在巴菲特心目中，一个企业的护城河要达到这样的效果，即在整个行业景气时能够获得高额利润，在整个行业不景气的时候依然能够获得丰厚的回报。

可口可乐公司就是一家具有稳固的经济护城河的企业。世界最大的百货公司沃尔玛在美国和英国的消费市场里进行实验，让消费者在不看品牌的情形下品尝可口可乐和Sam's choice（沃尔玛自己的可乐品牌），消费者根本区分不出来哪个是可口可乐，哪个是Sam's choice。因此沃尔玛百货公司开始推出它们自己的可乐品牌，和可口可乐自动贩卖机排在一起贩卖，售价仅为可口可乐的一半。但是顾客依然选择多花钱购买可口可乐，而不是Sam's choice。这就是可口可乐的护城河。虽然市场上存在着很多可乐产品的竞争，但是对于大多数顾客来说，只要提到可乐，他们首先想到的就是这个老牌子可口可乐。

巴菲特认为，优秀的企业通常具有坚不可摧的护城河，而最深的护城河就是消费者心理。如果企业的产品、文化等能够充分俘虏消费者的心理，那么企业就一定可以获得巨大的成功。

所谓消费者心理，是指消费者在购买和消费商品过程中的心理活动。一般是先接触商品，引起注意；然后经过了解和比较，产生兴趣和偏爱，出现购买欲望；条件成熟，做出购买决定；买回商品，通过使用，形成实际感受，考虑今后是否再次购买。当今社会正面临前所未有的激烈竞争，市场正由卖方垄断向买方垄断演变，消费者主导的营销时代已经来临。

企业在开发产品的时候，通常都会对产品进行一系列的品牌规划。当产品进入市场与消费者面对面的时候，产品的品牌规划成功与否，主要就是要看消费者对产品接受程度和购买心理。

消费者对品牌的熟悉程度常

常影响他们的购物行为。当他们在购买产品的时候，通常都首先会注意到他们熟悉的品牌，然后考虑是否购买。如果时间紧迫，这一因素对消费者的影响尤其显著。例如顾客想购买可乐，他首先想到的就是可口可乐和百事可乐。很多企业在广告上投入巨大，例如可口可乐就邀请了姚明、刘翔、SHE、张韶涵等明星代言，而百事可乐也不甘示弱，也邀请了谢霆锋、蔡依林、古天乐、罗志祥等明星代言。人们不仅能在电视上看到这些广告，在杂志、道路旁的宣传栏、网站等地方也都能看到这些广告的身影。而广告的目的就是让消费者熟悉品牌。

消费者之所以喜欢某种产品，是因为他们相信这种产品会给他们带来比同类产品更大的潜在价值，而潜在价值取决于产品的潜在质量。所谓潜在质量，它不是指质量监管部门检测出的质量，而是指消费者心中感受到的质量，是消费者主观上对一种品牌的评价。可口可乐之所以领先百事可乐一个多世纪，就是因为它以标榜"正宗""原创""独一无二"而使消费者相信它具有无可替代的价值，这就是它的潜在价值。事实上，一种品牌之所以能够打开销路，常常不是因为它的真实价值，而是由于它的潜在价值。潜在价值具有独特性、独立性、可信性和重要性。潜在价值就是名牌效应，就是一种观念，这种观念已深深根植于消费者的心目中。

一个企业要想做大做强，就要在充分了解消费者心理的基础上，认真做好产品的定位和品牌策略。只有深深打动消费者的心，企业才能够深深打动消费者的口袋。投资者在进行投资时，要尽量选择大家熟知的品牌企业。

真正决定投资胜负的是心理运算

心理运算指的是，我们会随着环境的变化而改变自己对资金的看法。我们在心理上都倾向于把资金放到不同的"账户"中，这一点决定了我们考虑如何运用它们。

举个简单的例子，假设你与你的妻子刚刚外出回家。你掏出钱包准备付钱给替你看孩子的人，但发现原来放在钱包里的100元不见了。所以当你开车送看孩子的人回家的路上，你在自动提款机前停下，提出100元交给替你看孩子的人。但当你回家后你发现那100元在你的夹克口袋里。

如果你与多数人一样，对这100元的反应应是欢欣鼓舞的。你夹克兜里的100元是"白捡"的。尽管这第一个100元与第二个100元都是来源于你的活期账户，都是你的钱，但你手里拿着的这100元是你没有想到的，你感到可以随意花掉它。

为了展示这个概念，理查德·萨雷又一次提供了一个有趣的学术试验。在这项研究中，他用两组人进行试验。第1组人被分配30元现金并有两项选择：一是他们可以将现金揣进口袋里，走掉；二是他们可以以掷硬币赌博，如果赢了，他们可以额外得到10元，如果输了，从他们的钱中扣除10元。多数人选择赌博，因为他们盘算，即使输了，他们仍可白白得到20元。

第2组人则被给予不同的选择：一是试着进行掷硬币赌博，如果他们赢了，他们将得到39元，如果输了，他们得到20元；二是直接得到30元，不掷硬币。有多半数的人选择直接拿钱。其实两组人赢得的是一样多的钱，机会也完全相等，但是两组人却以不同的方式看待局势。

这项试验的意义是很明显的：我们如何决策投资、我们选择什么方式管理投资是与我们如何看待金钱密切相关的。例如，心理运算就进一步解释了人们为什么不愿意卖掉业绩差的股票。在他们心中，损失只有在股票卖掉时才变为真正的损失。从更广意义上讲，心理运算这一理论突出了有效市场理论的一项不足之处；它显示出市场的价值不仅仅是由信息的总量所决定的，也是由人们加工处理这些信息的方法所决定的。

实际上，股市每天都在涨涨跌跌，个股每天都在上下波动，对市场和个股为什么上涨，为什么跌的思考和追问，是每一个勤奋的投资者少不了的功课。

其实，不论我们多么的勤奋努力，我们每一个人都有看不懂股市的时候，不仅有时候看不懂个股表现，甚至有的时候还看不懂市场行情，即使是资深的证券分析师、老练的机构投资者也都不例外。令股评家们大跌眼

镜的事情多的是，机构投资者错过一波行情，或没有逃过大跌的噩运更是比比皆是。

真正决定股票胜负的股市分析的"心理运算"，或者说是"选择运算"是：选择时机、选择个股、选择价位、选择数量、选择买卖、选择投资还是投机，等等。这六大选择是前后连贯的，也是相互关联的，任何一个选择失误都将带来损失或者失败。

为什么在股市里，复杂心理运算反而不如简单的心理运算呢？

一个投资者越是进行复杂的心理运算，就越容易脱离市场的平均"心理运算水平"，而一个懒惰的投资者或者一个受教育程度较低的投资者，他们的简单心理运算更贴近市场平均心理运算水平。

（1）鉴于复杂运算不如简单运算的事实，投资者应该"走出追问"，也就是尽量少去问，少去对质。确切地说，作为基本分析的投资者，就应该像巴菲特一样"只"关注基本面，不要去追问K线的波动；作为技术派的投资者，就不去追问公司的业绩等基本面的东西。

在现实世界里，一个人并不因为聪明而成功，实际上一个人的成功关键是行动，一个并不是很聪明的人因为考虑面子、后果和其他因素更少一些，而往往更能够争取到时间和把握住机会。据统计：聪明的人比不怎么聪明的人在同等条件下往往不成功；聪明的人又往往比不怎么聪明的人的身体要差且短寿。

（2）简单运算不如不算。对投资者的投资业绩进一步深入研究，发现一个更为值得思考的问题：真正盈利的投资者是不进行什么心理运算的。

我们发现，投资大众的盈利或亏损，从全局角度看，实际上是一个概率问题，他们投资的业绩与心理运算成反比。

实质上，投资的过程中，随着市场发生变化，我们的心理预期也会发生变化，所以复杂的运算不如简单运算，简单的运算不如不算。

PART 04

摆正心态，从容赚钱

克服"贪婪"和"恐惧"

有人说，炒股是人的两个本性——恐惧与贪婪的放大。贪婪和恐惧是人类的天性，对利润无休止的追求，使投资者总希望抓住一切机会。而当股票价格开始下跌时，恐惧又占满了投资者的脑袋。尤其对于散户投资者，希望短线获取暴利，想赢怕输的心态决定了恐惧与贪婪往往吞噬自己正常的心态，很容易导致操作上的失误。

贪婪和恐惧是人与生俱来的。股民应该都有这样的感受，当股价飙升的时候，你一定兴高采烈；当股价下跌的时候，你一定郁闷甚至深深地恐惧。当股价下跌的时候，很多股民争相出逃，即使股价尚稳，也不敢回补，直到看到真的涨起来时，才想起来要买入，这时候股价已高，短线风险已经存在，下一步，往往就是微利出局甚至再次被套。还有一种股民，当股价涨得很高，就是不走，终于下跌了，还舍不得卖，结果就是收益坐电梯——直线下降，甚至还要被套牢。这次暴跌，暴露出很多人性弱点，比如很多人把股价卖到地板上——最低，很多人有机会第一时间逃跑却留下站岗。总结起来就是一个公式：贪婪＋恐惧＝亏损。

张先生是2007年在大牛市的行情下入市的，他把20万元投入股市后，股市持续走高，不到一个月，他的账面上的资金增加了40%。他认为股市会一直走高，所以仍然迟迟不肯抛售。哪知到2007年5月30日，股市连续出现暴跌，眼看着资金一天天缩水，恐惧感布满了张先生的心头，于是在6月3号以亏本割肉。由于贪婪，总想再多赚一点点，迟迟不肯抛售手中的股票，结果张先生遭受了巨大损失。经过大涨大落，张先生感叹说，人总要懂得知足才好。

炒股就是贪婪和恐惧在作祟，因为贪婪才不肯抛掉不断上涨的股票，因为恐惧才会割肉卖掉手里的股票。

不论从长期实际经验看，还是从极小的机会看，谁都无法以最高价卖出，因此，不要使贪婪成为努力的挫折，投资中应时刻保持"知足常乐"的心态。

同样，恐惧会妨碍投资者做出最佳决定：第一，在股价下跌时，把股票卖掉，因为怕股票会跌得更深。第二，错过最佳的买入机会，因为股价处于低位时我们正心怀恐惧，或者虽然有意买入，却找个理由使自己没有采取行动。第三，卖得太早，因为我们害怕赚来不易的差价又赔掉了。

当我们恐惧时，无法实际地评估眼前的情况，我们一心把注意力集中在危险的那一面，正如大熊逼近时，我们会一直盯住它那样，所以无法看清它"有利"与"不利"两面因素的整体情况。当我们一心一意注意股市令人气馁的消息时，自认为行动是基于合理的判断，其实这种判断已经被恐惧感所扭曲了。当股价急速下降时，会感到钱财离我们远去，如果不马上采取行动，恐怕会一无所剩。所以，与其坐以待毙，不如马上行动，才能"转输为赢"。其实，即使是熊市期间，股价也会上下起伏，每次下跌总有反弹上涨的时候，毕竟股价不会像飞机一样一坠到底。然而，每当股价下跌，一般人会忘了会有支撑的底价，也就是股价变得便宜，大家争相购入的价格。

事实上，当我们心中充满"贪婪"和"恐惧"时，就无法保持长期的眼光和耐心，而这恰恰是成功的投资者所不可缺少的态度。

心平，才能化险为"赢"

股市涨跌无常，人的心理因素在股市操作中起着很大的作用。心态平和，才能化险为"赢"。特别是投资者不要有大的心理负担，否则会对成功投资产生不利的影响。

一位哲人指出："要么是你去驾驭生命，要么是生命驾驭你。你的心态决定了谁是坐骑，谁是骑师。"

很多投资人投资股票，一旦套牢或赔钱之后，情绪就几乎到了崩溃的地步。其实心理学家常说："人是感情动物。"自己辛苦赚来的钱，眼见就这样赔进股市里，谁会舒服？所以大部分的投资人都没有办法像巴菲特那样做到面对股票波动神定自若。

巴菲特告诫投资者，投资必须保持平的心态。如果心里一直记得那些错误的投资伤心事，不仅无济于事，还可能因此造成往后一连串，甚至更严重的投资亏损。

巴菲特最值得称道的是，他始终保持着平的心态。不论是互联网狂潮到来之际，还是市场环境风平浪静之时，巴菲特从来都不着急，都很从容。这也是巴菲特之所以成为今天的巴菲特的最主要原因。

作为一名股民，首先要保持平的心态，不要被周围环境、股市变化所左右。要有自己的分析和判断，决不可人云亦云，随波逐流，被套牢时，要确信自己是最值得信赖的人。股市的天机是："波动是永恒的真理，把握投资最终靠自己。"

股市原本就是考验人的心态的战场。主力大户所以制胜，就是摸准了一般小户缺乏平的心态，只要用"惯压"与"洗盆"伎俩，就可以使小户自动将手中生金蛋的鸡贱价出售。

通常新手投身股市一开好户，总是迫不及待地想买进股票，既不考虑是否股市已处于高风险，也不问股价是否偏高。等到股票到手，则一心想股价天天见涨才痛快，若股价偏偏原地踏步，甚至未涨反跌，必然方寸大乱，寝食难安。这样，多会失去耐心，急着卖出，转而追抢那些天天见涨的股票，可是等到手上不争气的牛皮股刚刚脱手，换上行情板上活蹦乱跳、涨势吓人的热门股，偏偏原来的牛皮股开始威风八面，股价节节上升，而刚到手的热门股有如中邪，直往下跌，届时，悔之已晚。殊不知天底下没有只涨不跌的股票，也没有只跌不涨的股票，涨过了头，必然回档进行强制性调整，好重新开张。跌多了，也必然反转回升，重振雄风。

当大户炒作某种股票，为了顺利吃货，吓走一些想轻松搭轿的小户，最常用的一招就是集中力量，在股价涨跌的节骨眼上倒出部分持股将股价压低，让信心不足的小户将持股流血杀出，自己再以低价承接，然后重新拉抬。就这样来回操作，低进高出，赚得不亦乐乎。明白这一道理，当你下次再碰到手上股票下跌，除非整个大势真正转坏，否则，万不可因为一点风吹草动，或是在股场内听来某些"小道消息"，而吓得马上将手中持股低价抛出，只要保持平和的心态，耐心等待，总有机会解套。

炒股的大多事实证明，依靠纯粹由心理支持的价格飞涨的市场总是服从金融万有引力定律的。哄抬的价格可以持续多时，但终归会一泻千里，而且这种下跌来得如地震雪崩般突然，狂热的行动越厉害，所得到的后遗症越严重。当你一旦失利，应该痛定思痛，用清醒的理智和聪睿的知识摆脱困境，以忍取胜。

一般来说，"忍"主要表现在两个方面：

第一，对自身来说，炒股要给自己留下回旋的余地。也就是说，当你在看好股市前景的时候，不要把资金全部投入，将力量一次用完，在看坏的时候，不要又急匆匆地将股票全部卖光。

第二，对于股市大势而言，你不要盲目加码追涨，也不要盲目地出货避跌。

从你自己或周围的人的投资中，你会发现每一个投资人用他或她自己的方式失败，但是他们的一个共同点却是对股票市场的不好的心理状态。错误的思维方式的结果，是他们的每一次操作都缺乏力量和决断。他们彷徨不定，他们渴望确定。如果你找到5个成功者，你将会立刻感到是一种完全不同的思维方式在起作

用。他们与众不同，在等待下一个交易机会的时候，他们眼神凌厉、决定经过深思熟虑、行动简洁明快，所有的交易（无论是赚或是赔）看上去都是那么轻松、舒适。这些自我奋斗而成功的投资人不是因为赚了钱才有积极平和的心理态度，而是因为他们敢于有积极平和的态度才赚到了钱。

投资需要耐得住寂寞

在股市这个金钱的竞技场，很少有人能耐得住寂寞，但耐不住寂寞，在股市中，风险必定如影随形，在此情况下想投资获利是很困难的。大多数股市投资者每天热衷于读报纸、看电视、听广播，今天听说某股票有庄家要进驻，他就立即买入，明天听说某只股票即将启动，他又急忙介入，成天买进卖出，只是给证券商打工了，自己却没有赚下多少钱。这样的人当然没有能够耐住寂寞，他们也是股市失败的一族。

投资时耐住寂寞包括很多方面。耐住寂寞，静下心来学习，从符合股市规律的投资理念，到投资技巧，从理论知识到实战经验，这些像汗牛充栋，不可能一时半会儿就学会，也不可能一蹴而就，长期坚持下去，才能不断提高。但是大多数投资者是业余投资者，他们每天都有很多事情要做，而且每个人还有很多不同的社会角色，这就注定了一部分人不会也不可能有很多时间认真地学习投资知识。股票投资是一门学问，一门艰深的知识。要学好一门学问是不容易的，有的人甚至付出一生的精力和时间。可以这么说，你要成为哪个行业的行家里手，必定要比别人付出得更多。

耐得住寂寞还包括等待机会。耐得住寂寞学习的人虽少，但也确实有不少人认认真真地学习了，也掌握了一些投资的技巧，投资就会顺利得多。而能耐得住寂寞等待机会的人就更少了。股价高起时风险自然大，清仓出货是最好的选择，然后耐心等待低价买入的时机，可是，能有多少投资者能耐得住寂寞等待呢？股价一跌再跌后，股价在低位行走，风险大幅降低，择机介入是最好的选择，但又有多少投资者敢于入市呢？

耐得住寂寞还要只做自己看得懂的行情和股票，在对大盘看不懂或对个股没有把握的情况下，应多看少动。耐得住寂寞还有一个戒骄戒躁的问题，就是在判断错误后迅速改正，进行补仓或止损。这也是很重要的，也是很多人都做不到的。

让利润充分增长，把亏损限于小额，这是进行股票投资的一项基本法则。当自己对市场的发展方向判断错误，出现亏损时，应尽可能把损失限定在一定的范围内，不要让损失无限扩大。而当自己对市场的判断正确，出现盈利时，则不要急于抛出，应尽可能扩大战果，取得较大的利润，即一次赚的至少要够三次赔。但是，在现实中，有的人套牢后很耐得住寂寞，一等就是几个月，而当账面出现盈利时，却总是迫不及待地出手，生怕钱烫了手似的，投资者要想在股市获利，必须改变这种操作方法，才能和利润"结缘"。

有一定股市经验的人都会有这样的体会，有时买进一只股票，左等右等就是涨不起来，而与其相关的其他股票，甚至效益远远比不上自己所持股票，却涨势不止，心里又着急又生气，实在无可奈何。其实，股市中，每种股票的行情变化都有其不同的条件和背景。并不总是好股票领涨，有时反而是绩差股涨幅大，所以，投资者要沉得住气，相信自己手中所持股票的投资价值，相信是金子总会闪光的，不要为市场的"噪音"所动，耐心持有，静待厚报。

这样，让自己留下学习提高的时间来总结，来放松，远离股市，不谈论股市，不关心股市行情。耐得住寂寞不是一般人能做到的，但只有一般人做不到的事情你做到了，你才能获得比别人更大的成功。耐住寂寞成高手，只有耐住寂寞，你才能规避由于急躁冒失所带来的投资风险，从而投资获利。

第十篇

商用心理密码

PART 01
轻松把握对方心理

妙用提问让对方说出实情

商务交流的核心是从对方的真正关注点出发，策略性地引导对方。换句话说，我们需要掌控主动权，突破双方之间的交流障碍或合作障碍。这中间有两个核心要素，一是了解对方的真正关注点；二是策略性地引导。

一、妙用提问的技巧

询问法是一种普遍运用的商战心理技术，我们拜访客户、接待合作伙伴、出席商务活动甚至是打探情报，都可以使用询问法。询问法的一个核心功能是让我们轻松地获取对方的信息。

> 甲："您这边请，我可以帮助您做些什么吗？"
> 乙："哦！我想……"

上面这个对话情景我们经常碰到，它是一般店面销售、服务人员常常用到的接待方式。

对大部分商业活动来说，对方前来商谈某项合作往往都是有备而来的，因此对自己的目的有着较为成熟和清晰的考虑。为了更好地了解对方的需求，我们必须主动试探。

商业交易活动中我们要利用一切机会，如展会、商务活动等，与需求方进行积极的交流，努力发现其需求的"蛛丝马迹"。在获取客户需求信息时，有些时候需要我们从工作以外的事情聊起，逐渐拉近与交往对象的距离，赢得对方的认同，进而从对方的话语中套取商业信息。

非正式的见面会上更有利于我们获取情报，因为这个时候人们心里一般会很放松。

二、让对方主动说出来

有目的地使用询问法能够让我们在商业活动中获取对方需求方面的信息，但如果在交流过程中让对方发现或引起对方的警觉，那么我们不仅会一无所获而且也会丧失对方的信任，这在商业活动中是非常致命的。我们在使用询问法的时候要自然、不漏痕迹，且能够让对方主动说出来。一般涉及商业项目的时候，人们的警觉性会比较高。我们可以问一些平常工作上的事务，使对方从心理上能够接受，然后不断缩小询问与聊天的范围，由模糊到具体，在这个过程中对方心里逐渐放松，且意识也随着我们制定好的询问策略而展开。商业活动不比日常交往，人们的思考非常理性，不会轻易透露自己所思所想，这就需要我们熟练掌握各类发问的技巧。'

三、灵活发问掌握对方的思维

单一的问法如质问、肯定发问、否定发问在较为简单的场景中具有一定的效果，但在复杂的商业领域中很难主导对方意识，因此我们将它们混合起来使用，可以达到意想不到的效果。当然，我们在发问时要注意一些问题，比如询问的内容要有针对性，要有必要的铺垫，不可空洞乏味；形式要多样，不要让对方觉得有雷同之感；要有感情色彩，不要泛泛而谈等。

巧调身体距离促进感情融洽

我们在百货公司买衬衫或领带时，女店员总是会说："我替你量一下尺寸吧！"这是因为对方要替你量尺寸时，她的身体势必会接近过来，有时还接近到只有情侣之间才可能的极近距离，使得被接近者的心中涌起一种兴奋感。

每个人对自己身体周围，都会有一种势力范围的感觉，而这种靠近身体的势力范围内，通常只能允许亲近之人接近。如果一个人允许别人进入他的身体四周，就会有种已经承认和对方有亲近关系的错觉，这一原理对任何人来说都是相同的。

本来一对陌生的男女，只要能把手放在对方的肩膀上，心理的距离就会一下子缩短，有时瞬间就成为情侣的关系。推销员就常用这种方法，他们经常一边谈话，一边很自然地移动位置，跟顾客离得很近。

因此，只要你想尽早产生这种亲密关系，就应制造出自然接近对方身体的机会。

有一场篮球比赛，一位教练要训斥一名犯了错的球员。他首先把球员叫到跟前，紧盯着他的眼，要这位年轻小伙子注意一些问题，训完之后，教练轻轻拍了拍球员的肩膀和屁股，把他送回到球场上。

教练这番举动，从心理学的观点来看，确实是深谙人心的高招：

第一，将球员叫到跟前。把对方摆在近距离前，两人之间的个人空间缩小，相对地增加对方的紧张感与压力。

第二，紧盯着对方的两眼。有研究表明，对孩子说故事时紧盯着他的眼，过后孩子能把故事牢牢记住。教练盯着球员的眼睛，要他注意，用意不外乎是使对方集中精神倾听训斥。否则球员眼神闪烁、心不在焉，很可能会把教练的训示全当成耳边风，毫不管用。

第三，轻拍球员身体，将其送回球场。实验显示，安排完全不相识的人碰面，见面时握了手和未曾握手，给人的感受大不相同。握手的人给对方留下随和、诚恳、实在、值得信赖等良好印象，而且约有半数表示希望再见到这个人。另一方面，对于只是见面而没有肢体接触的人，则给人冷漠、专横、不诚实的负面评价。

正确接触对方身体的某些部位，是传达自己感情最贴切的沟通方式。如果教练只是责骂犯错的球员，会给对方留下"教练冷酷无情"的不快情绪。但是一经肢体接触之后，情形便可能大大改观，球员也许变得很能体谅教练的心情："教练虽然严厉，但终究是出于对我的一番好意！"

此外，与陌生人交谈，应态度谦和，有诚意，力求在缩短距离上下功夫，力求在短时间里了解得多一些。这样，感情就会渐渐融洽起来。我国有许多一见如故的美谈，许多朋友，都是由"生"变"故"和由远变近的，愿大家都多结善缘，广交朋友。善交朋友的人，会觉得四海之内皆朋友，面对任何人，都没有陌生感。这有不少方法：

一、适时切入

看准情势，不放过应当说话的机会，适时插入交谈，适时的"自我表现"，能让对方充分了解自己。交谈是双边活动，光了解对方，不让对方了解自己，同样难以深谈。陌生人如能从你"切入"式的谈话中获取教益，双方会更亲近。适时切入，能把你的知识主动有效地献给对方，实际上符合"互补"原则，奠定了"情投意合"的基础。

二、借用媒介

寻找自己与陌生人之间的媒介物，以此找出共同语言，缩短双方距离。如见一位陌生人手里拿着一件什么东西，可问："这是什么……看来你在这方面一定是个行家。正巧我有个问题想向你请教。"对别人的一切显出浓厚兴趣，通过媒介物引发他们表露自我，交谈也能顺利进行。

三、留有余地

留些空缺让对方接口，使对方感到双方的心是相通的，交谈是和谐的，进而缩短距离。因此，和陌生人的交谈，千万不要把话讲完，把自己的观点讲死，而应是虚怀若谷，欢迎探讨。不同的人、不同的心情，会有不同的需要。要想打动陌生人，就得不失时机地针对不同的需要，运用能立即奏效的心理战术。通过对方的眼神、姿势等来推测其当时的心思，再有效地运用如拍肩、握手、拥抱等非语言沟通方式来传情达意，如果你懂得运用这些技巧，便能很快地拉近与陌生人的心理距离。

用微笑拉近彼此间的距离

人与人之间，简单的一个微笑是最为普通的身体语言，它能够消除人与人之间的隔阂。同时，人与人之间的最短距离，便是一个可以分享的微笑。微笑是人际交往的通行证，是打开每个心门的钥匙。在与人交流时，主动报以微笑能迅速拉近彼此心与心的距离，赢得他人好感。

飞机起飞前，一位乘客请求空姐给他倒一杯水服药。空姐很有礼貌地说："先生，为了您的安全，请稍等片刻，等飞机进入平稳飞行状态后，我会立刻把水给您送过来，好吗？"十五分钟后，飞机早已进入平稳飞行状态，突然，乘客服务铃急促地响了起来，空姐猛然意识到：糟了，由于太忙，忘记给那位乘客倒水了。空姐来到客舱，看见按响服务铃的果然是刚才那位乘客。她小心翼翼地把水送到那位乘客跟前，面带微笑地说："先生，实在对不起，由于我的疏忽，延误了您吃药的时间，我感到非常抱歉。"这位乘客抬起左手，指着手表说道："怎么回事，有你这样服务的吗？"无论她怎么解释，这位挑剔别的乘客都不肯原谅她的疏忽。

在接下来的飞行途中，为了补偿自己的过失，每次去客舱为乘客服务时，空姐都会特意走到那位乘客面前，面带微笑地询问他是否需要帮助。然而，那位乘客余怒未消，摆出一副不合作的样子。

临到目的地前，那位乘客要求空姐把留言本给他送过去，很显然，他要投诉这名空姐。飞机安全降落，所有的乘客陆续离开后，空姐紧张极了，以为这下完了。没想到，她打开留言本，却惊奇地发现，那位乘客在留言本上写下的并不是投诉，而是一封热情洋溢的表扬信："在整个过程中，你表现出的真诚的歉意，特别是你的十二次微笑，深深打动了我，使我最终决定将投诉信写成表扬信。你的服务质量很高，下次如果有机会，我还将乘坐你们这趟航班。"空姐看完信，激动得热泪盈眶。

在人际交往中，我们要赢得他人的好感，必须学会微笑，像上例中的那位空姐一样，用自己迷人的微笑来赢得他人的好感。微笑就像温暖人们心田的太阳，没有一块冰不会被融化。带着真心、诚心、善心、爱心、关心、平常心、宽容心微笑，别人就会感受到你的心意，被你的这份心感动。微笑可以使你摆脱窘境，化解人们彼此的误会，可以体现你的自信和大度。

在现实生活中，微笑能化解一切冰冷的东西，容易获得他人的好感。比如朋友、同事之间的吵架、误解，家人、邻居之间的矛盾，恋人、兄弟之间的隔阂等，都可以用微笑化解。所以，人际交往中，不管遇到什么困难，不管遇到多么尴尬的事情，要常常告诉自己"要微笑"，没有什么事情不能用微笑化解，只要你的微笑是出自真心的。

俗话说，"伸手不打笑脸人"，微笑能够化解矛盾和尴尬，取得意想不到的效果。微笑是人与人之间最短的距离，纵使再远的时空阻隔，只要一个微笑就能拉近彼此的心灵距离。当别人取笑你时，用微笑还击他，笑他的无知；当别人对你愤怒时，用微笑融化他，他会知道自己是在无理取闹；当彼此发生误解、争执不休时，用微笑打破僵局，你会发现事情其实并没有你想象的那么复杂和严重……

微笑是人际交往的通行证，没有一个人不喜欢和微笑的人打交道。罗曼·罗兰曾经说过："面部表情是多少世纪培养成功的语言，比嘴里讲的更复杂千百倍。"所以，想让对方喜欢你，友善地对他微笑吧！不过，想把微笑的作用发挥得淋漓尽致，还应做到两点：一是要真笑，而不是假笑；二是要把握好微笑的时机和方式。

情感认同激发情绪共鸣

一、情境同一性原理

亚历山大等人在20世纪70年代提出了"情境同一性原理"。他们认为每个社会情境或人际背景，都有一种合适的行为模式。更重要的是，这种行为模式反过来受到社会情境和人际背景的影响，所以，如果我们需要激发对方特定的行为模式（比如积极的或消极的、共鸣的或排斥的等），我们就可以通过创造性运用情境设置来实现。

情境同一性原理的核心是依据对方的情绪情感状态，创造出相似相惜的情感认同，这是两个不同方面的内容。

（1）利用相似相惜定律。依据心理学解释，人总会对和自己有相同点的人产生一种亲近感。所以，在与人沟通时，要努力去寻找这种相似性。无论什么人，他总会与你在兴趣爱好、成长经历、职业地位等方面有或多或少的相似。商务交流中，要努力去找寻这些相似性，然后充分利用它，必然能让对方和你的沟通出现共鸣性情境。

（2）体味对方情绪。人情绪的好坏，将直接对双方的交往造成很大影响。对方情绪好，就容易接受你。如果对方情绪不好，那你就要想办法去了解为什么会这样。如果我们能够从对方的角度来看待事情，体会对方的感受，或许原本疑惑不解的问题可能就变得豁然开朗了，进而理解对方，进入同一的"心理场"中，从而实现相互间的情感共鸣。

（3）利用SOLER模式引起对方好感。心理学家发现，与陌生人交往时，有意识地使用SOLER模式表现自己，也很容易引起积极的相同或相似（同一性）反馈，更好地拉近彼此距离。

S：落座要面对别人；

O：姿势要自然开放；

L：身体微微前倾；

E：目光接触；

R：放松。

二、让对方一直说"是"

据心理学研究证明，当一个人对某件事说出了"不"字，无论在心理上还是生理上，比他往常说其他字要来得紧张，他全身组织——分泌腺、神经和肌肉——都会聚集起来，形成一个抗拒的状态，整个神经组织都准备拒绝接受。反过来看，一个人说"是"的时候就没有收缩作用发生，反而放开准备接受，所以在求人办事的开头我们若获得"是"的反应越多，就越容易得到对方对我们最终提议的注意。

要使别人说出"是"所需的技巧其实很简单。下面就是一个很好的例子：

王林在一家公司做推销员，一次在他推销的区域内有一家大工厂，王林当时就认为它是他们未来的一位大主顾，于是王林花费了几个月的时间，费了很多口舌，最后总算得到了一小笔订单，当时王林心想，假如能使对方满意的话，可能会有大批的订单，这也是王林最殷切期望的。

几个星期后，王林决定去那家工厂看反应，心想要让对方签下一笔大订单。但是当他遇到工厂总工程师，人家第一句话就对王林说："王先生，以后我不能再买你的马达了。"这使王林大吃一惊，所以马上问对方："为什么？"

他说："因为你们的马达太热，我的手都不敢放上去。"

王林立即知道和那位工程师争辩是没有好处的，这是他以往不知多少次失败得来的教训，因此王林立即用柔和的方法，使那位工程师开头就说"是"。

王林说："李总，你的话不错。马达外围烫手是不好的，你所需要的是发热不超过协会规定的一架标准的马达，发热可以较室内温度高上华氏72度，我说得对吗？"

他说："是的，但是马达四周烫手，都超过了规定的度数。"

王林不与他争辩，仅仅问他："当时工厂室内的温度是多少？"

他说："噢！大约是华氏75度吧。"

王林接着说："对了，室内的温度再加上马达本身发热75度，那一共是147度呀！手将被烫坏了呢！"

他听了这些话什么也不说，只是点点头，于是王林趁机又对他建议："李总，我们不可以把手放在马达上，你认为这意见对吗？"

听完王林的话后，那位工程师便承认说："我猜想你的意见有道理。"

他们又随便闲谈了一会儿，随即那位总工程师喊他的秘书来，约定在下月中定购王林公司5万元的货物。

上述案例中王林所用的说服方法，是两千年前希腊大哲学家苏格拉底所用的，这种"苏格拉底式的辩证法"就是以得到对方的"是"的反应，使对方不断地说"是"，无形地把对方"非"的观念改变过来。

因此，以后你在求人办事的时候，最好应用苏格拉底的方法，使对方多说"是"，使其减少反感，轻松达到你的目的。

PART 02
巧妙赢得对方认可

表达关切增进彼此好感

　　商务交往的成败关键在攻心上。成功的商务交往应该确保其在心理、情感上接受我们。当一个人对他人产生好感时，会变得十分友好，那种排斥的心理也就荡然无存了。在最初接触的时候，应该力求使一切都简单化。这包括下面一些技巧。

一、说中对方的心思

　　在简单的关心、赞美之后，要寻求更进一步的认同感，就必须深入洞察对方的内心状态，并用有效的方式引导对方的情感。

　　人在许多情况下不能直接知道自己的态度、情感和其他内在状态，因此，要从外界获取信息达到自我认知的目的，所以很容易受到外部信息的暗示，从而导致自我知觉的偏差，而我们所说的"被说中"正是自我知觉偏差的表现。只要你能准确"说中"对方心思，你也可以在瞬间获得对方信任。

　　老李是一位运动自行车销售员。

　　老李："呵呵，这辆车是您的吗？"

　　山地车爱好者："是的！"

　　老李："呵呵，1999年款的捷安特ATX680，当时得2000多元呢！"

　　客户："哦！您太厉害了，它可是我的第一辆山地自行车。"

老李凭借自己的专业知识准确地判断出对方车子的品牌、生产时间，以及与之有关的事情。作为一个从事商业活动的销售人员要时刻补充知识，有些时候知识可以弥补我们经验的不足。

老李："看得出来，你对它很有感情呢！都10多年了还不舍得换呢！"
客户："当然了，我很珍惜它，它是我和妻子爱情的见证……"

此时，对方还处于"惊讶"的状态，还需要继续"说中"才能获得对方的信任。老李因势利导，将老车与情感联系起来，十分成功地让对方从内心认同这句话。

老李："很动人，它的确值得收藏啊，看来你得把它打蜡，然后挂在墙上！"
客户："是的！我打算把它收藏起来。"

对方动情后，老李继续"煽情"，让对方在情感上不断地认同，而不是停留在口头或浅层次的意识上，这样更有利于获得更深的信任。

老李："嗯，即使是按照使用寿命来说，也是该让它休息的时候了。"
客户："的确是，我得再买一辆……"

老李在上一句话语中巧妙地暗示了对方，一是暗示对方这辆车弥足珍贵应该收藏；二是暗示对方应换一辆车。
对方听后就会产生相应的心理反应，认为的确该收藏了。
以上就是一个在销售中完整地运用读心术说中对方心思的全过

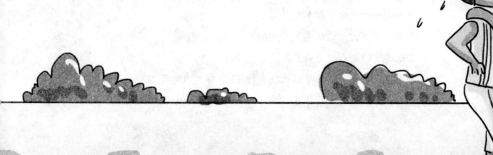

程，是赢得他人认同的一个简单、快捷的途径。

二、关心对方的身体

若突然去拜访一位商业上的朋友，需要在接触前进行一番观察，包括对方的气色、神情、身体状况，并从中发现独特之处。

> 小王："嗨！先生，您的身体看起来非常棒啊！天天都在锻炼吗？"
> 对方："是的！"

小王发现对方的身材健美，因而判断对方经常进行运动，便以此为话题问候对方。

问候前的观察是很重要的，面对一位富态的人，我们如果说："您的身材很棒啊！"是不能够激起对方的兴趣和注意的。

还有，如果我们发现对方神情黯然，要注意对方的性别，如果是女士，我们可以大胆地表达我们的关切，因为女性的潜在心理是渴望得到别人关心的。

三、问候对方的下属

关心对方周围的人有时比关心对方本人效果更好，如关心对方的家人更能让对方感动，关心对方的下属更能激起对方的自豪感。

比如，去拜访一位管理者，拜访之前应先依据自身条件对拜访对象进行调查，通常公司的信息是比较容易获得的。

> 小赵："我发现贵公司的员工精神面貌非常的好，个个都非常精神，相信这与公司文化密不可分啊！"

经理："哈哈！你太会说了，不过的确像你说得那样！我非常注重公司的文化。只有重视和关心员工，公司发展才会有动力啊！"

小赵表达了自己的看法，当然都是针对对方员工而言的，小赵的关心之言是暗示对方管理得当。在这种情况下，对方的内心会非常自豪、得意，说话时会显得非常谦虚但又不否认自己管理有方。同时，这位管理者对小赵的好感也随之增加。此时，如果小赵再不失时机地发表一番赞赏经理的话，效果就更加显著了。

四、寻找对方的兴趣，开启话题

几乎每个人都会对自己感兴趣的事物赋予优先注意的权利，并表现出积极、强烈的探索或实践心理，而且印象深刻。因此，兴趣是一种无形而又强大的动力，我们把它用在商务交流中，也能够起到开启话题、轻易打开对方心扉的作用，从而建立良好的信任感。找准对方的兴趣点是第一要求。正式交流前应该调查对方的兴趣，可以是事前准备，也可以是现场观察。

小李："不知您喜欢什么运动，攀岩、自行车？"

王经理："不，我喜欢的是自驾车旅行！"

小李："是啊，它能够让人充分地享受自由，不像在竞争激烈的商业活动中。"

小李乘势说出自驾游的好处，对方对此深有体会，小李因此博得了对方的好感。

换位思考，使对方感受到被关切之情

很多推销员往往在推销的过程中只顾说他自己觉得很重要的事，他自己觉得客户所需要的事。嘴巴说的太多但是倾听太少，完全不在乎客户的感受，就像连珠炮一样滔滔不绝，甚至企图想要改变客户的需要来达成交易，而他关心的重点中没有一个是客户关心的，所以虽然拜访了千百次却仍然找不到突破口。

设想一下，如果你就是一个在销售员"轰炸"下的客户，你会不会购买呢？

当然不会，因为推销员讲的都不能满足自己的需要，除非他所谈论的刚好是你所需要的重点，自己才会购买。

如果你的方法、态度，都没有办法令自己购买，你怎么可能让客户购买呢？所以在推销任何商品给你的客户之前先试着推销这种商品给你自己，自己去说服自己购买，如果你能够成功地推销商品给你自己，你就已经成功了一大半！这也就是销售中的置换推销，就是要站在客户的立场上做推销。

下面一个古代的小故事能帮助我们弄清什么是置换思考。

《列子·说符》中记载：

有一天，杨布穿了件白色的衣服出去，路上遇雨，于是脱去白色的外套而露出黑色的里衣，等他回到家时，他家的狗对着他大叫，他非常生气，拿起棍子对着狗就要打。他的哥哥杨朱拦住了他，说："如果你家的白狗出去而回来时成了黑狗，你能觉得不奇怪吗？"

上述故事说明了置换思考的含义就是把当事双方的角色进行置换，站在对方的立场看问题，从而透彻地理解对方，进而对对方做出正确的评估，并做出必要的反应。

所以，进行换位思考应遵循三个步骤：收集对方相关的背景信息；进行综合评估；做出针对性的必要反应。

在销售中，我们只要对角色进行正确定位，并实施针对对策，就会大幅提高销售的成交率。

有一个在淘宝网上经营电话卡的商家，通过店主的用心经营，如今已经拥有4个皇冠的信用度，成功交易15万人次，拥有80%以上的回头客，好评率达99.99%，店主本人也被淘宝予以"super卖家"的荣誉。

有人问他成功的秘诀是什么，在交流中他一直强调置换思考。总是把自己放在一个买家的位置上，想想希望卖家提供哪些服务。当客户的需要得到满足时，生意自然越做越好。比如，店主在销售中发现，现在电话卡多种多样，运营商也很多，买家分辨不清，经常会问有没有适合自己既便宜又好用的卡，于是，店主就写了一个帖子，利用自己的专业知识介绍哪些情况适合用哪种卡。买家看到这个帖子很开心，感到终于找到了自己想要的卡，这样，客户的回头率就高了。

一个优秀的推销员通常会事先收集客户的详细资料，掌握客户的一切信息后，再经过详细规划，然后与客户见面时会这样说："先生，如果我是你，你知道我会怎么做吗？"

自然的，客户就会问："你会怎么做？"这时推销员就可以说出从客户立场精确考虑的建议，并提出有利于他的方面，协助他做最终的决定。

曾有一位著名的推销员讲了这样一个故事：

在杰西初入房地产推销界时，他根本不知道该从何处着手。后来，他看到公司里的一位金牌销售员在他的资料袋里保存了很多资料，这些资料都是与他的推销相关的东西，也是客户需要知道或希望知道的资料，其中包括停车场、商店、学校及建筑物相关的细节。

在许多人看来，这位推销员的做法好像很不明智，带那么多的卡片似乎很不方便，但就是这些卡片帮助他拿到了年度销售总冠军的奖杯！杰西对他提供的丰富资料印象深刻，所以他决定把它用在自己的实际工作中。这个方法最后成了杰西成功的主要因素，也是他为客户着想的起点。

他还提到，即使与客户在生意没有谈成的时候，他也会回家写资料卡，记录刚才见到客户的情形。当他再次做销售拜访的时候，就能侃侃而谈关于客户的一些事情，仿佛是多年的老友。杰西的这种"表演"常常能提高客户的谈话兴致，他们往往会惊讶于杰西对他们的了解。

这些卡片帮了杰西很大的忙，每次他都利用这些资料联系客户，成功率都很高，总的算来几乎超过70%。

在杰西早期的推销工作中，有位先生曾经坚持要买两份同样的投资标的，一份在他名下，另一份给他太太。杰西遵从他的要求，但在当天晚上输入客户资料时，却发现两份分开投资计划合计的费用，比以同样金额投资成一份计划的费用高出许多。

第二天一早，他立刻跟客户说明，如果这两份投资能合成一份的话，至少可以省下15%的费用。客户很感激他，并且接受了这个建议。很显然，客户不知道杰西的佣金因此而大减。多年以来，这位客户对杰西的好感依然没变，而杰西的佣金损失，早就通过客户所介绍的其他客户得到了更多的补偿。

置换推销的好处是不言而喻的，它能更深层次地让客户信任你，而你也能得到更多的潜在讯息。

把对方当成老朋友来聊天

有人认为聊天是极为浪费时间的事，岂不知一般朋友间的交情多半是从闲谈开始的。实际上，之所以有些人能说会道、关系广泛，就是因为他们闲谈的功夫很棒。

但有些人就是不喜欢闲谈，他们觉得"今天天气怎么样"和"吃过早饭了吗"这一类的话，都是无聊的废话。他们不喜欢谈，也不屑于谈，他们不知道像这一类看起来好像没有意义的话其实是有一定作用的，能够加深朋友间的感情。

一般的交谈总是由闲谈开始的，说些看起来好像没有什么意义的话，其实就是先使大家轻松一下、熟悉一点，营造一种有利于交谈的气氛。

任何事都需要一个良好的开端，就是交谈这样看似简单的事情也不例外。当你面对各式各样的场合，面对各式各样的人物，要

能做到通过言谈拉近彼此的距离，实在不是一件容易的事。倘若交谈开始话不投机，就不能继续发展双方的关系，还会使对方感到不快，给对方留下不好的印象。

谈话也是对自身资源的一次挖掘，很考验一个人的知识水平和文化层次，平时除了你最关心、最感兴趣的问题之外，你要多储备一些和别人闲谈的资料，这些资料应轻松、有趣，容易引起别人的注意。

除了天气之外，还有一些常用的闲谈资料：自己闹过的无伤大雅的笑话、惊险故事、健康与医药、家庭问题、运动与娱乐、轰动一时的社会新闻、政治和宗教、笑话，等等。

虽然与人闲谈是人际交流中必要的环节，但需要注意的是，很多人在闲谈中往往把握不好分寸，甚至说一些不负责任的闲话，而这些闲话中难免会涉及别人的隐私，如果说得多了，必然会伤害到一些人。

《智慧书》的作者、哲学家葛莱西安在书中就说过这样的话："没有一种人类的活动像说话一样需要小心翼翼，因为没有一种活动比说话更频繁、更普通的了，甚至我们的成败输赢都取决于所说的话。"

在人际交往中，人们主要是通过交谈了解一个人的思想和修养的，即使是非正式场合下的闲谈，你的言行也都在透露你的品德。人们很多时候会根据一个人的言语对其表示喜欢或排斥。

在闲谈中，一定要掌握一些技巧，不要随意评价某人，即使这个人并不在现场。谈一些大家共同感兴趣的话题，避免说一些容易让大家感到消极的、不愿意谈及的话题，更不要把自己或别人的隐私当作公共话题来议论。特别是在说笑话或者调侃的时候，不要让别人感觉你是一个不够稳重和没有教养的人。

最好的办法就是在别人的闲谈中留心大家感兴趣的话题，然后加入；或者干脆谈一些诸如经济、体育、娱乐、天气等不容易得罪人的话题。需要注意的是，在说话的时候留意对方的反应，以判断你的话题是否合适，随时做适当的调整。要避免在说话的时候与人发生争论，即使有也要想办法避开。

千万要记住，不要因为闲谈中的无心之举而失去了朋友。

　　我们在心理上都倾向于把资金放到不同的"账户"中，这一点决定了我们考虑如何运用它们。

在股市中成败荣辱的根源完全在于散户投
资者自己。散户投资者无力改变市场，能改变
的只能是自己。